청소년을 위한

마음챙김 기술

이우경 · 최은실 공저

학지사

이 저서는 2020년 대한민국 교육부와 한국연구재단의 일반공동연구지원 사업의 지원을 받아 수행된 연구임(NRF-2020S1A5A2A03045953)

This work was supported by the Ministry of Education of the Republic of Korea and the National Research Foundation of Korea(NRF-2020S1A5A2A03045953)

이 책을 쓴 목적

청소년의 감정조절을 위한 프로그램은 그간 많이 개발되었다. 전통적인 인지치료에 바탕을 둔 프로그램도 있고 사회기술 훈련에 초점을 맞춘 프로그램도 있다. 이 책에서는 청소년의 정서 관리를 위해 기존의 인지치료적 요소와 함께 마음챙김 명상을 다루고 있다. 최근 들어 국내외에서 마음챙김 명상 프로그램을 청소년에게 적용한 연구 효과가 많이 나오고 있고, 스마트폰 애플리케이션으로 개발된 프로그램의 효과 연구도 나오고 있다. 그러나 관련 프로그램을 검토해 보면 성인에 적용되는 마음챙김 명상을 청소년에게 그대로 사용한 경우가 대부분이다. 이 책에서는 필자들이 다년간 실제로 청소년들에게 마음챙김 기반 프로그램을 적용해 본 뒤, 한계점과 보완점을 감안하여 청소년들에게 마음챙김 기술을 적용할 때 꼭 필요한 핵심 사항을 담고자 하였다. 우선, 제1부에서는 교사,

상담사들이 청소년을 위한 마음챙김 기술을 적용할 때 꼭 알아야 할 청소년 발달심리를 기술하였다. 또한 청소년의 정서조절과 관련된 기제의 이해를 돕기 위해 뇌과학의 최신 지견을 바탕으로 뇌 발달과 신경계에 대해 설명하였다. 제2부에서는 마음챙김 명상 기반 대처기술을 적용할 때 필요한 기본적인 심리교육 내용과 실제적인 지침을 수록하였다.

청소년들은 대개 명상을 재미없어한다. 하지만 교육과 성장을 위해서는 재미가 없어도 훈련을 통해 습득할 필요가 있다. 자신의 마음을 돌아보고, 천천히 느끼고, 찬찬히 생각하는 마음챙김 명상과 활동은 청소년의 성숙과 성장을 위해서 꼭 필요한 대처기술이다. 마음챙김은 주의를 집중하고, 지금-여기에서 일어나는 마음의 흐름을 알아차리며, 감정과 생각을 조절하고, 자신이 바라는 행동을 할 수 있게 돕는 정신훈련이다. 마음챙김은 유용한 삶의 기술(living skill)이 될 수 있기 때문에 청소년들이 최대한 자주 연습하여 습관을 형성할 수 있도록 도와주는 것이 중요하다.

정서조절에 어려움을 겪는 청소년들이 습관적이고 자동적인 반응에서 벗어나 좀 더 슬기로워질 수 있는 대처기술을 배웠으면 하는 마음으로 교사와 상담사를 위해 이 책을 기술하였다. 순간적으로 벌어지는 내적·외적 현상의 실상은 시시각각 미묘하게 다르다는 것을 알아차리고, 자신의 마음을 챙기는 활동을 습관으로 만드는 것, 그것이 이 책의 목적이다. 모쪼록 이 책에 나오는 활동을 청소년들과 최대한 자주, 재미있게 해 보기를 바라며, 그들의 마음이

성숙하게 자라서 자신과 주변을 챙길 수 있는 어른으로 성장하는 데 이 책이 조금이라도 기여할 수 있기를 바란다.

마지막으로 마음챙김 프로그램 정리를 도와주신 성나경 선생님과 시간이 촉박했음에도 기한에 맞춰 책을 출판해 주신 학지사 김진환 사장님 그리고 편집부 여러분에게 감사드린다.

2021년 5월

저자 일동

차례

청소년을 위한
마음챙김 기술

제1부
청소년에 대한 이해

청소년들은 아이와 성인 그 중간 어디쯤에 있는 듯하다. 감정은 혼란스럽고 행동은 충동적이며 조절은 미숙하지만, 신체적 · 인지적 성장은 아이보다는 성인에 더 가깝다. 청소년기는 사춘기가 시작되는 만 12세 즈음부터 성인기 이전인 만 19세까지로 볼 수 있다. 청소년들은 자신의 정체성을 실험하고 싶어 하며, 다양한 분야에 흥미를 가지고 도전하고, 성인으로부터 심리적으로 독립하고자 고군분투한다.

이렇듯 청소년기는 까다롭고 힘든 시기이기에 부모와 교사는 이 시기의 아이들이 어느 날 갑자기 폭발해 버릴까, 어딘가로 튕겨져 나갈까 노심초사하게 된다. 어제는 모범생이었던 아이가 하루아침에 완전히 다른 사람이 되어 버린 듯한 모습을 보이기도 하고, 어른들과는 다른 언어를 사용하는 외계인 같아 보이기도 한다. 하지만 교사로서 그리고 부모로서, 청소년기를 보내고 있는 아이들 마음속 깊은 곳에는 여전히 따뜻하고 밝은 모습이 남아 있다는 것도 알고 있다. 그렇다면 요동치는 우리 청소년들에게 무슨 일이 일어나고 있는 것일까?

청소년들의 여러 발달 영역(신체적 · 인지적, 정서 · 사회적)에서 일어나는 변화를 살펴보고, 최근에 관심이 집중되고 있는 청소년들의 뇌 발달에 대해 이해하는 것은 청소년과 그들을 돌보는 성인들(부모, 보호자, 교사, 상담사 등) 모두에게 도움이 될 것이다. 우리가 청소년들에게 바라는 것은 결국 건강한 성인으로 성장하는 것이며 그들이 겪는 혼란과 정립의 시기를 통해 자신을 깊게 이해하는 것이다. 이 책에서는 그 과정 가운데 정서조절에 필수적인 내용과 방법을 제시함으로써 청소년을 더 깊이 이해하고 건강한 성장을 돕고자 하였다.

1. 청소년의 인지적 특성 이해하기

청소년기는 Piaget의 인지발달단계 중에 형식적 조작기에 해당된다. 형식적 조작기에는 연역 추론과 귀납 추론이 가능해지며 하나의 사항에 대해 다양한 측면을 고려할 수 있게 된다. 그래서 이 시기에는 체계적으로 실험해 보면서 논리적으로 검증해 나가는 과학적 사고가 가능해진다.

다른 특징으로는 인지적 유연성(cognitive flexibility)을 들 수 있는데, 이것은 어떤 상황에 접근할 때 융통성 있게 선입견 없이 받아들이는 능력을 말한다. 아동의 경우 자신이 가지고 있는 도식에 맞추어 생각하려는 경향이 있으나 청소년은 열린 자세로 접근하기 때문에 어떤 현상에 대해서도 놀라지 않고 받아들일 수 있다. 그리고 청소년은 지금 현재 존재하지 않는 것에 대해서도 생각할 수 있는데, 이 능력을 바탕으로 추상적인 것과 가능성에 대해 생각할 수 있다. 이들은 창의적이고 상상력이 풍부하며 독창적이기 때문에 현실보다 가능성에 더 몰입한다. 성인이 보기에 너무 이상하고 독특하거나 현실과 동떨어져 보이는 사람이나 현상도, 청소년들에게는 전혀 이상하게 여겨지지 않기도 한다.

눈에 보이지 않는 가능성에 대해 생각할 수 있게 되면서 청소년들은 이상주의자가 되기도 한다. 청소년들은 정치적 · 종교적 · 도덕적으로 완벽한 것을 추구하면서 이상적인 세상을 꿈꾸고 그렇지 못한 현실 사회를 비판하기도 한다. 그리고 이러한 이상적 사고로 인해 부모나 교사에게 완벽함을 요구하기도 한다. '어른이라면 이렇게 해야지.' '부모라면 그렇게 되어야지.' '선생님은 그러면 안 되지.' 등 부모와 교사의 행동을 사사건건 비판하고 수정할 것을 요구하면서 잦은 갈등을 경험하게 된다.

그리고 청소년기에는 학령전기와 다른 형태의 자기중심성이 생기게 되는데, 이것은 '상상 속 관중'과 '개인적 우화'로 나타나게 된다. 이들은 자신에 대해 생각할 수 있는 힘이 생기면서 자신의 행동, 감정, 생각에 더 관심을 갖게 되고 남보다는 자신에게 몰두하는 특징을 보인다. 그로 인해 다른 사람들도 자신에 대해 그렇게 관심을 가질 것이라고 생각하여 '상상 속 관중'을 경험하게 된다. 길을 걷거나 대중교통을 이용하거나 학교 또는 학원에서도 다른 사람들이 '나'에게 집중하고 있다고 생각하며, 그들을 의식하여 말이나 행동, 옷차림에 신경을 쓰게 된다.

타인에 대한 의식으로 인해 동조 현상도 생기는데, 남과 같은 옷, 행동, 말을 쓴다면 배척당하지 않고 비웃음당하지도 않을 것이라고 생각해서 같은 브랜드의 옷을 따라 입거나 똑같은 말투(용어)를 사용하거나 행동을 하는 청소년들을 길거리에서 흔히 보게 된다. 또한 타인이 자신을 의식하고 있다고 생각해서 혼자 있는 공간에 대한 욕구가 증가하게 되는데, 아무도 자신을 보지 않는 곳이 가장 편하다고 생각하기 때문이다.

'개인적 우화'는 또 다른 자기중심성의 결과로, 다른 사람이 자신에게 관심을 가질 만큼 '나는 특별한 존재'라는 생각 때문에 위험한 행동을 해도 다치거나 발각되지 않을 것이라고 생각한다. 그래서 무면허 운전을 하거나 무방비 상태에서 성적 접촉을 하기도 하고, 자신은 어떠한 경우에도 죽지 않을 것이라고 착각해서 위험한 행동을 하게 된다.

2. 청소년의 신체적 특성 이해하기

청소년기는 성장이 급격히 일어나는 시기이며, 신체적 · 생리적으로 크게 변화한다. 급격한 신체적 성장과 더불어 사춘기가 찾아오는데, 사춘기는 성호르몬의 변화로 시작된다. 성호르몬이라고 불리는 테스토스테론, 에스트로겐, 황체호르몬 등은 사춘기가 되면서 분비가 촉진된다. 청소년기의 성호르몬 수치는 성인에 비해 낮은 수준이지만, 아동기에는 분비되지 않다가 청소년기에 처음 분비가 촉진되기 때문에 뇌는 이러한 호르몬을 어떻게 조절해야 할지 몰라 혼란스러움을 겪게 되고, 이는 청소년들이 다양한 행동적 · 정서적 특징을 나타내게 한다. 성호르몬은 대부분 감정과 관련된 뇌 부분에 작용하기 때문에 그들은 갑자기 우울하거나 불안해지기도 하고 분노를 표현하기도 한다. 이것은 청소년의 뇌가 호르몬 적응에 어려움을 겪고 있다는 신호이다.

신체는 성호르몬의 분비로 인해 1차 성징과 2차 성징을 경험하게 되는데, 1차 성징은 생식기의 변화를 의미하고, 2차 성징은 신체 외부에서 보이는 성적인 변화를 의미한다. 청소년기는 성적 성숙과 더불어 성욕이 증가하기 때문에 이성에게 강하게 끌리게 되고, 이성에게 멋지고 예쁘게 보이기 위해 다양한 노력으로 이어지게 된다. 특히 청소년에게 외모는 자신을 나타내는 척도로서 매우 중요한데 자신의 외모가 매력적이라고 느끼면 신체적 자존감(body esteem)이 높아지고 개인의 전반적 자존감도 향상된다. 여기서 중요한 것은 외모가 매력적이라서 타인이 우호적인 반응을 하게 되고 그로 인해 자존감이 높아지는 것이 아니라, 자신의 외모를 긍정적으로 지각하는 경향성이 높은 사람이 자존감이 높다는 점이다. 실제로는 외모가 중요한 것이 아니라 자신을 긍정적으로 생각하는 경향성이 중요하다.

그리고 여학생의 경우, 사회문화적인 영향으로 인해 날씬해지고 싶어 하며, 많은 여학생이 청소년 초기에 다이어트를 시도하기도 한다. 실제로는 비만하지 않음에도 불구하고 왜곡된 신체상을 가지는 경우가 많으며, 뚱뚱해지는 것에 대해 과도하게 민감하다(이렇게 과도하게 날씬해지고자 하는 욕구는 여러 가지 병리적 현상으로 이어지기도 한다). 음식을 거부하고 체중이 과도하게 적게 나가는 신경성 식욕부진증의 경우 자신에 대한 부적절감이 심각하고 우울 또는 강박증을 나타내는 경향이 있다. 완벽주의적이고 의존적이며 불평불만이 많고, 심각한 금식으로 인해 무월경 상태가 되거나 영양실조로 신체 기능에 이상이 올 수 있다. 음식을 먹고 토하기/하제 사용하기를 반복하는 식이 장애로는 신경성 폭식증이 있다. 신경성 폭식증이 있는 여자 청소년의 경우 자신의 외모에 대해 불만스러워하지만, 음식을 통제하지 못하여 폭식/하제 사용을 반복하게 되고 이후 몸매에 대한 걱정으로 구토를 하게 된다. 이런 증상으로 인해 우울감과 불안정감이 높아지고 자기 비난이 심한 경우가 많다. 이러한 두 가지 증상 모두 개인 심리치료가 필요하고 추가적으로 필요한 경우 가족 상담과 약물처방이 동반될 수 있다.

최근에는 남학생들 중에도 외모에 집착하고 몸매를 만들기 위해 노력하는 경우가 많아지고 있다. 이러한 아도니스 증후군(adonis syndrome)은 남성들이 외모에 과도하게 집착하여 나타나는 강박사고 또는 우울증을 말하는데, 근육질 몸매를 만들기 위해 과도하게 운동을 하고 단백질 보조제만을 섭취하거나 심한 경우 성형을 하기도 한다. 그리고 자신보다 잘생긴 사람을 질투하여 고통스러워하기도 한다.

3. 청소년의 정서 · 사회적 특성 이해하기

청소년기의 정서 · 사회적 특성에서 중요한 영역으로는 자기에 대한 이해와 대인관계 측면이 있다. 청소년기는 자아정체감을 확립해 가는 시기로 자신을 어떻게 느끼고 이해하며 정의 내리는지에 따라 이후 성인기의 삶의 방향성이 결정된다. 그리고 청소년기의 대인관계는 아동기 부모-자녀 관계의 영향으로 기본 틀이 만들어진 상태에서 사회적 관계망은 넓어지고 새로운 세상에 대한 탐색을 시도하며 시행착오를 경험하게 되는데, 이는 이후 성인기 대인관계의 기반이 되기에 중요하다.

1) 자기에 대한 이해

청소년기의 주요한 과제를 Erikson은 정체감을 형성하는 것이라고 보았다. 자신에 대한 인식은 청소년기 이전에도 가능하며 자아개념의 형태로 나타난다. 자아개념이란 자기 자신에 대한 인지적인 평가로 자신에 대한 생각이다. 아동기에도 신체적 특징, 성격적 특징, 학업적 능력, 운동 능력, 사회적 지위로 자신을 설명할 수 있으며, 자신에 대해 어떻게 느끼는지에 대한 자아개념을 가지고 있다. 자아개념이 긍정적일 경우, 내가 무언가를 할 수 있다는 생각으로 이어지기 때문에 생산적이고 사회 적응적인 행동을 하게 된다. 하지만 그 반대로 자신에 대한 부정적인 자아개념을 가지고 있으면 비생산적이고 부적응적인 행동을 하게 된다. 자아개념은 자아정체감보다 제한적인 의미이며, 자아정체감은 포괄적이고 일관성이 있으며 미래에 대한 목표를 포함하는 개념이다. 자아정체감을 형성하는 과정에서는 도덕적 · 정치적 · 종교적 · 직업적 이상형을 선택하여 그들을 보고 배우려 하며, 다양한 대인관계와 집단을 선택하여 참여함으로써 소속감을 느끼기도 한다. 즉, 발달적으로 유아기에 자아가 생기고 아동기에 자아에 대한 개념을 형성하면서 청소년기가 되어서야 자아정체감을 확립하게 되는 것이다.

Erikson의 심리사회적 발달단계에서 이전 발달 시기의 발달과업의 달성 여부는 이후 발달 시기의 발달과업 달성에 영향을 미친다고 알려져 있다. 청소년기 이전의 발달단계를 차례로 살펴보면, 신뢰/불신의 단계에서 신뢰성을 획득하지 못한 사람은 청소년기에 이상형을 찾는 것에 어려움을 경험하게 되고, 자율성/수치심의 단계에서 자율성을 획득하지 못한 아이들은 청소년기에 자신의 정체감을 스스로의 노력으로 탐색해 나가지 못하며, 주도성/죄책감의 단계에서 주도성을 획득하지 못한 사람은 적극적으로 자신의 정체감을 형성하기 위한 노력을 기울이지 못하고, 근면성/열등감의 단계에서 근면성을 획득하지 못한 사람은 청소년기에 정체감을 성실히 형성해 나가지 못하게 된다. 즉, 청소년기 이전의 발달단계에서 발달과업을 제대로 달성해 내지 못하면 이후 발달단계의 발달과업 달성에 어려움을 경험하게 된다.

이 과정에서 청소년들은 자기를 찾아가는 탐색의 과정을 경험하며 혼란과 위기를 경험하기도 한다. 정체감을 탐색하는 것과 그것을 위해 노력하는 태도를 근거로 정체감의 상태를 네 가지로 나누어 볼 수 있다. 탐색도 하고 그것을 위해 노력을 기울이는 이들은 정체감을 확립해 나가게 되고, 탐색은 하지만 그것을 위해 노력을 기울이지 못하는 이들은 정체감 유예 상태에 머무르게 된다. 탐색은 하지 않고 노력만 기울이는 경우 정체감 유실(부모, 교사 등이 선택해 준 정체감을 그대로 받아들임)이 되며, 탐색도 하지 않고 노력도 기울이지 않으면 정체감 혼미 상태에 머무르게 된다. 정체감 확립과 유예 상태는 이후에 심리적으로 건강하게 발달할 가능성이 높은데, 정체감 유예의 경우에도 정체감 탐색의 과정이 지속된 후에 결국 정체감 확립으로 가게 되는 경우가 많기 때문이다. 반면에 정체감 유실과 혼미의 상태는 부적응이 되기 쉽다.

그리고 자아개념의 평가적 측면인 자아존중감은 청소년기에 들어 다양한 영역(운동 영역, 학업 영역, 대인관계 영역, 직업 영역, 신체 영역 등)으로 나뉘며 점차 안정화된다. 타인과의 상호작용에서 긍정적인 상호작용을 경험할수록 긍정적인 자아존중감을 형성하게 되는데, 부모나 교사와 같은 주변의 의미 있는 성인들이 청소년에게 따뜻하고 긍정적이면 자신을 유능한 존재로 인식하며 존중받는다는 느낌을 받지만, 그렇지 못한 경우에는 또래에게 의존하게 되고 학업적으로나 사회적으로 부적응하는 경우가 많다(자아존중감에 대한 더 많은 정보는 제2부 '1. 청소년의 마음관리를 위한 심리교육' 중 자아존중감 부분에서 다루고 있으니 참고할 것).

2) 대인관계

청소년기의 중요한 대인관계로는 가족과 친구가 있다. 아동기까지는 가족, 특히 부모와의 관계가 중요하나 청소년기가 되면 친구의 존재가 더욱 중요해진다. 청소년들은 사춘기를 맞이하면서 다양한 신체적 변화를 경험하고 부모에 대한 의존에서 벗어나 독립하고자 하는 욕구가 생기게 된다. 그러면서 친구에게 정서적으로 몰입하게 되고 그들의 지지와 관심이 필요하게 된다. 친구 관계에서 긍정적인 경험을 하면 자아존중감과 심리적 안정감을 경험하지만, 친구로부터 거부당하는 경우, 우울 및 불안과 같은 정신건강의 어려움과 심각한 스트레스를 경험하게 된다.

청소년기는 불안정한 시기이고 자신에 대한 고민이 많으며 아직 안정된 정체감을 형성하지 못한 시기이다. 그렇기 때문에 친구를 통해 힘을 얻고 그들과 함께하면서 사회기술을 증진시키며 자신에 대한 이해를 높일 수 있기 때문에 청소년 시기에 친구 관계는 매우 중요하다. 청소년에게 친구는 관심사와 다양한 감정을 공유하면서 여러 고민을 해결할 수 있도록 도와주는 동지와 같은 존재이다. 일부 청소년의 경우, 아동기에 학대를 경험했거나 타인의 신뢰가 부족하거나 자신의 이미지가 부정적이어서 친구와의 관계를 맺기 힘들어할 수 있다. 이들은 미리 거부당할 것이라고 예상해서 자신이 먼저 거부하기도 하고, 타인에게 다가가는 것이 부담스러워 관계를 맺기 위한 시도조차 하지 않기도 한다. 청소년기는 성인기 대인관계의 기초가 되는 사회성을 기르는 시기이기 때문에 친구 관계를 원활히 맺지 못하는 것은 잠재적으로 더욱 큰 어려움을 가져올 수 있으며, 심리적으로 외로움과 고독감을 느끼고 우울해질 수 있다.

청소년기의 대인관계 형성 능력은 유아 및 아동기의 가족 관계에서 시작된다. 부모와의 정서적 유대감으로 정의되는 애착은 이

후 대인관계의 기초가 되며, 건강한 애착을 형성한 청소년은 대인관계에서 타인을 신뢰하고 긍정적인 관계를 유지할 수 있으나, 그렇지 못한 경우에는 타인을 불신하고 관계에서 어려움을 겪게 된다. 이런 어려움은 다양한 관계에서 반복적으로 경험하게 되며, 삶의 만족감과 자아감에도 부정적인 영향을 미치게 된다.

애착은 네 가지 유형(안정 애착, 불안정 저항 애착, 불안정 회피 애착, 혼란 애착)이 있으며 자의식 및 타인과 관계를 맺는 방식에 영향을 미친다. 하나의 애착 대상과 하나의 관계를 형성하며, 하나 이상의 애착 대상을 가진 경우 하나 이상의 애착 유형을 형성하기도 한다. 안정 애착을 가진 청소년은 자신에 대해서도 긍정적으로 인식하고 타인을 신뢰할 수 있다. 이들은 타인의 의도에 대해 긍정적으로 인식하는 경향이 있어 관계를 즐거움으로 받아들인다. 불안정 저항 애착을 가진 청소년은 타인에게 지나치게 의존적이며, 버림받을 수 있다는 불안감으로 인해 관계를 맺는 본인과 타인 모두가 지치고 힘들어질 수 있다. 불안정 회피 애착을 가진 청소년은 본인과 타인의 감정을 무시하고, 타인과 깊은 관계를 맺는 것을 거부하는 경향이 있기 때문에 관계를 맺고 유지하는 것이 어렵다. 혼란 애착을 가진 청소년은 타인과의 관계에서 불편감이 크며 관계 문제가 생길 때 충동적이거나 공격적으로 행동할 가능성이 높다.

청소년이 친구를 사귈 때는 자신과 유사한 특징을 가진 사람을 선택하는데, 그 이유는 자신과 비슷한 사람은 자신을 있는 그대로의 모습으로 지지해 줄 것이라고 기대할 수 있고, 비슷한 취향은 서로의 자아존중감을 고양시키기 때문이다. 그리고 친구가 되면 비슷한 활동을 하기 때문에 취향도 비슷해질 수 있다. 중학생부터 고등학교 1, 2학년 정도에는 친구에 대한 정서적 의존이 심화되면서 관계 갈등이 심해질 수 있지만, 이후에 점차 자율성을 확보하게 되면서 그러한 의존은 줄어들게 되며 갈등도 줄어든다.

청소년기에는 소수의 친구와 어울리는 것뿐만 아니라 작은 집단에 소속되는 것을 중요하게 생각하는데, 그 집단에서 비난을 받거나 거부당하는 것은 큰 상처와 스트레스로 작용할 수 있다. 이 시기의 아이들은 집단에서 인기 있는 사람이 되고 싶어 하는데, 여기에서 인기가 있는 청소년의 특징은 집단에서 주도적인 역할을 하는 리더십이 있는 아이로 외모도 매력적인 경우가 많으며 이성에게도 인기가 있다. 뿐만 아니라 사회적 처신도 뛰어나고 타인을 조종하는 능력이 있다. 즉, 사회성은 뛰어나지만 우호적이지 않거나 배려가 없을 수 있으며, 자신의 지위를 높이기 위해 관계적 공격성(여성), 신체적 공격성(남성)을 사용하는 경우가 많다. 하지만 많은 청소년은 이들과 친해지려고 노력하며 이들로부터 거부당하거나 배제되는 것에 스트레스를 경험하기도 한다.

은따, 왕따와 같은 또래 괴롭힘은 청소년들이 가장 힘들어하는 관계 문제이며 학교 현장에서 매우 흔히 발생한다. 전체 학생의 절반 이상이 괴롭힘의 가해자 또는 피해자가 되어 본 경험이 있다고 보고될 정도로 최근에는 SNS 상에서도 괴롭힘이 만연해 있다. 가해자가 피해자가 되기도 하고 피해자가 다음에는 가해자가 되기도 하는 등 가해자와 피해자가 절대적으로 구분되는 것은 아니지만, 피해자는 정서적으로 불안정한 경우가 많으며 가해자는 공격적이고 또래 사이에 영향력 있는 존재인 경우가 많다.

청소년의 이성 관계는 긍정적인 의미도 있으나 고통스러운 과정이 되기도 한다. 이성과의 친구 관계는 다른 성별을 이해하는 기회가 되고 이성과 의사소통하면서 사회적 기술도 증진되기 때문에 서로에게 도움이 된다. 하지만 사랑에 빠지는 것은 그 순간에는 정서적 충만감을 주지만, 헤어지거나 관계가 불안정해질 때 겪게 되는 혼란감은 성인이 예상하는 수준을 뛰어넘는다. 이별을 경험한 청소년은 우울증에 빠지기도 하고 일방적으로 이별을 통보한 사람에 대해 심한 적대감을 갖게 되기도 한다. 청소년은 성격과 자아정체감의 발달과정에 있고 대처 능력이 미숙하여 이별에 매우 미숙하다. 또한 이성 교제 시에 그 관계가 결혼으로 이어질 것이라고 기대하기 때문에 이별은 그들에게 더욱 가혹한 일이 된다. 그렇기 때문에 이성 관계를 맺을 때 주의가 필요하고 주변의 지지와 고민 상담이 필요할 수 있다.

4. 정서조절과 관련된 청소년의 뇌와 신경계

정서조절이란 자신의 정서 상태를 명확하게 인식하고 이해하며 이를 조절할 수 있는 능력을 의미하며, 사회적 상호작용과 적응에 핵심적인 요소로 여겨진다. 정서조절에 어려움이 있는 경우에는 자신의 정서를 정확히 인식하기 어렵고 정서에 대한 이해가 부족하며 과도한 정서 경험의 상태에서 반복적인 정서조절 실패 경험을 하기 때문에 내재화 문제(우울, 불안, 강박 등)나 외현화 문제(충동성, 공격성, 규칙위반 등)를 보일 수 있다.

최근 뇌과학과 신경인지 분야가 급속히 발달하면서, 뇌의 구조와 기능에 대한 연구 결과와 신경계의 기능에 대한 새로운 발견이 쏟아지고 있다. 이러한 연구 결과들에서는 뇌와 신경계가 어떻게 조절되느냐에 따라 신체 및 심리 건강이 향상될 수도 있고 악화될 수도 있다고 한다. 인간은 외부 및 내부 자극이 발생하면 이것이 감각기관을 통해 뇌로 전달되고 뇌와 신경계를 거쳐 반응이 도출된다. 정서를 불러일으키는 자극에 대한 반응의 과정이라는 점에서 뇌와 신경계는 정서조절을 담당하고 있다. 그렇다면 몸과 마음의 건강과 정서조절을 위해서 뇌와 신경계는 어떠한 기능을 하고 있는지를 살펴보고 이를 조절하는 방법에 대해서 익히는 것이 필요하다.

여기서는 뇌와 신경계에 대해 살펴보고, 아동이나 성인과는 다른 청소년 뇌의 특징에 대해 이해하며, 청소년과 상호작용 시에 청소년의 뇌 특징을 고려하여 상호작용하는 방법에 대해 안내하였다. 특히 최근 스트레스나 트라우마와 관련이 높다고 알려진 다미주신경계에 초점을 두고 살펴보고자 한다.

1) 뇌의 구조와 기능

(1) 뇌의 구조 쉽게 이해하기

뇌는 구조적 측면에서 대뇌, 소뇌, 뇌간으로 이루어져 있으며, 구성적 측면에서 뉴런(신경세포)과 신경 섬유로 구성되어 있다. 뉴런은 회백질, 신경 섬유는 백질이라고 하며 뇌에서는 회백질이 백질을 에워싸고 있다. 뇌의 뉴런은 천억 개 정도가 있으며 인간의 생각, 감각, 운동, 정서 등은 모두 이 뉴런 간의 전기 신호를 통해 이루어진다. 이 연결을 위해 뉴런과 뉴런 간의 연결이 필요한데, 뉴런에서 뻗어 나온 축색돌기를 통해 다른 뉴런과 연결한다. 우리가 뭔가를 배우게 되면, 그 순간 바로 그 학습과 관련된 뉴런 간에 연결이 일어나게 된다. 천재 과학자들의 뇌의 무게도 일반인들과 같이 고작 1~1.5kg 정도이지만, 뉴런 간의 연결은 일반인들보다 훨씬 많다.

청소년의 정서조절과 관련하여 뇌의 구조를 이해하기 위해서는 삼위일체의 뇌에 대해 이해하는 것이 필요하다. 삼위일체의 뇌란 1970년대 Paul MacLean이라는 신경과학자가 뇌를 파충류의 뇌, 포유류의 뇌, 인간의 뇌로 구분지어 설명한 것에서 유래하였다([그림 1-1]).

파충류의 뇌와 포유류의 뇌는 하층 뇌로 구분되고 인간의 뇌는 상층 뇌로 구분된다. 파충류의 뇌는 뇌간으로 구성되어 있으며, 깨어 있거나 잠을 자는 것, 생식 본능, 활성화를 담당한다. 포유류의

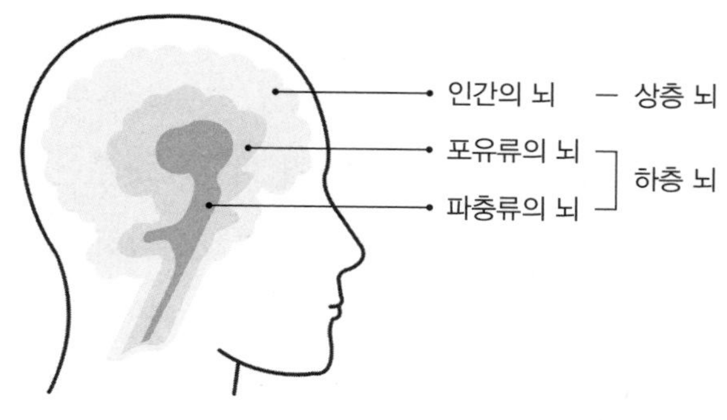

[그림 1-1] 삼위일체의 뇌

뇌는 변연계로 구성되어 있으며, 동기를 부여하고, 기억하고, 감정의 핵심이 되는 부분이다. 변연계의 중요한 기관에는 편도체와 해마가 있는데, 편도체는 몸에서 들어오는 모든 정보와 감각을 여과하는 뇌의 필터로, 1초도 안 되는 짧은 순간에 위험을 감지할 수 있다. 생명을 위협할 정도의 위험 상황이 아니라면 뇌는 교감신경계를 활성화시켜 경계 태세를 만들고 투쟁 또는 도피 반응을 하게 된다. 그러나 만약 도피가 불가능하면서 생명에 위협이 될 정도의 위급 상황이라면 부동화(얼어붙음/해리) 반응을 하게 한다. 해마는 바다에 사는 생물인 해마와 모양이 비슷하다고 하여 이름 붙여졌으며 배운 것을 기억하여 저장하는 것에 관여하며 학습에 중요한 역할을 한다. 해마는 스트레스 호르몬인 코르티솔에 취약하며, 코르티솔에 지나치게 노출되면 해마가 손상된다. 따라서 지속적인 스트레스에 노출된 사람은 해마가 손상되어 학습에 어려움이 생길 수 있다. 하층 뇌(파충류의 뇌와 포유류의 뇌)는 스스로 의식하지 못할 정도로 매우 빠르게 작동하며, 태어날 때부터 상당히 발달해 있다.

인간의 뇌는 대뇌피질(전두엽, 두정엽, 측두엽, 후두엽)로 구성되어 있으며, 생각하고 통찰하고 자신을 인식하고 무언가를 계획하고 문제를 해결하는 일을 담당한다. 특히 대뇌피질의 전두엽이 이러한 능력의 핵심적인 부분이며, 다른 동물들과 가장 큰 차이를 만드는 영역이다. 뇌는 뒤쪽에서 앞쪽으로 성숙하기 때문에 다른 뇌의 부분(파충류의 뇌, 포유류의 뇌)보다 대뇌피질이 늦게 성숙한다. 20대 중반까지 계속 발달하기 때문에 아동·청소년 시기에는 인간의 뇌가 미성숙한 상태이다. 청소년들이 감정기복이 심하고, 충동적으로 행동하며, 주의집중이 어렵고, 어른들과의 관계에 어려움을 겪고, 위험한 행동을 하는 이유 중 하나가 바로 전두엽의 뇌세포간의 연결이 발달적으로 가장 늦게 이루어지기 때문이다.

이 세 가지 종류의 뇌 사이에는 의사소통이나 협력이 쉽지 않으며, 인간의 뇌가 성장하여 다른 뇌들을 조절해 주지 않으면 과잉된 감정 표출을 일으키거나 조절되지 않은 행동을 보이게 된다. 또한 인간의 뇌는 서서히 발달하기 때문에 어린 시절의 경험이나 환경이 인간의 뇌 발달에 매우 큰 영향을 미치게 된다. 인간의 뇌는 긍정적인 환경을 경험하면 더욱 성장하고 발달하며, 부정적인 환경을 경험하면 성장이 저해된다.

이러한 과정을 손을 사용해서 이해하면 도움이 된다([그림 1-2]). 손바닥을 펴서 위로 향하게 한 후에 엄지손가락을 구부려서 손바닥 가까이에 붙이고, 나머지 네 개의 손가락으로 엄지손가락을 덮

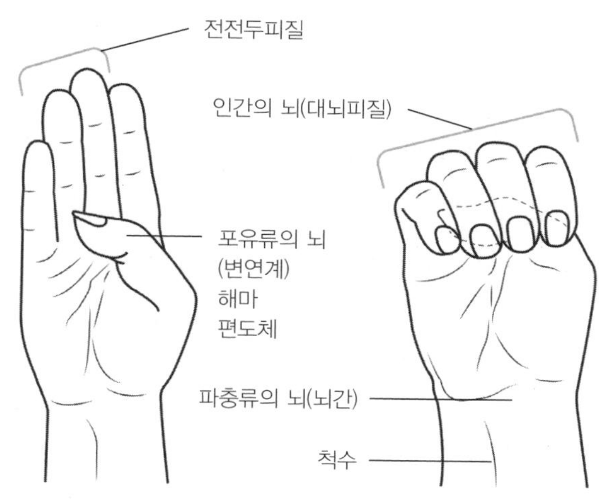

[그림 1-2] 손으로 만든 뇌 모델

출처: Siegel(2014)에서 참고.

으면 뇌 모양이 된다. 엄지손가락은 포유류의 뇌인 변연계이고 손바닥 아랫부분은 파충류의 뇌인 뇌간이다. 외부의 스트레스가 생길 때, 파충류의 뇌와 포유류의 뇌는 강렬한 감정과 본능이 작동하여 끓어오르게 되며 이것은 충동적인 감정과 행동으로 이어지게 된다. 예를 들어, 숙제하느라 잠도 잘 못 잤는데 엄마가 "너는 왜 이렇게 게으르니?"라는 말을 하면, 갑자기 화가 치밀어 오르면서 소리를 지르거나 방문을 쾅하고 닫아 버리게 된다. 이 상황을 손 모양에 대입해 보면, 손가락 네 개(인간의 뇌=대뇌피질)가 펼쳐지고 손바닥(파충류의 뇌: 뇌간)과 엄지손가락(포유류의 뇌=변연계)이 드러나게 되는 것이다. 이럴 때 네 개의 손가락 부분인 전두엽 부분이 파충류의 뇌(손바닥)와 포유류의 뇌(엄지손가락)를 덮음으로써 충동적인 감정을 가라앉히고 이성적으로 생각하고 결과를 고려해서 행동하게 해 준다.

파충류의 뇌(손바닥)와 포유류의 뇌(엄지손가락)는 생애 초기에 이미 발달해 있지만 인간의 뇌(네 개의 손가락)는 20대 중반까지 계속 성장한다. 이런 이유로 아동 · 청소년기에는 어떤 자극에 대해 숙고 없이 행동을 하는 경향을 보인다. 따라서 주변 성인들은 아동 · 청소년들의 뇌가 충분히 발달할 때까지, 행동을 하기 전에 충분히 생각하도록 알려 주고 지지해 주는 역할을 지속적으로 해야 한다.

(2) 청소년의 뇌 발달 이해하기

인간의 발달에 있어 우리는 아동에서 청소년으로, 그리고 성인으로의 인지적 · 신체적 성장이 점진적이라고 착각하고 있다. 그리고 청소년이 이해 불가능한 행동과 감정을 보이는 것이 단지 호르몬 때문이라고 치부한다. 하지만 이 모든 것은 오해이다. 최근의 많은 심리학적 · 신경학적 · 의학적 연구를 통해 밝혀진 것은 청소년기의 뇌는 성인의 뇌와는 다르며 특별하다는 사실이다. 심리학에서도 인생에서 가장 취약한 시기를 5세 이하의 유아기와 청소년기로 꼽고 있다. 아동기도 아니고 왜 청소년기인가? 청소년기의 뇌에서는 변화가 일어나고 있고 그 변화는 청소년의 인지적 · 정서적 · 행동적 측면을 포함하여 모든 부분에 영향을 미친다. 이 시기의 뇌는 다른 시기에는 찾아보기 힘들게 빠른 속도로 성장하고 변화한다. 이러한 변화를 이해하지 못한 채 그들의 행동과 감정을 바라본다면 전혀 이해되지 않고 비정상적으로 여기게 될 수밖에 없다. 하지만 어떤 현상에 대해 알게 된다면 그것을 이해하고 예측할 수 있게 된다. 같은 이치로, 청소년의 뇌를 알게 되면 그들의 정서와 행동을 이해하게 되고, 그들과 효율적으로 상호작용하며 도울 수 있을 것이다.

청소년기 뇌의 첫 번째 특징은 도파민과 관련된 신경회로 활동이 증가하는 것인데(Siegel, 2014), 도파민이라는 신경전달물질은 보상추구의 핵심 물질이다. 청소년은 눈앞에 보이는 이득이나 쾌락을 위해서 충동적으로 행동하는 경향이 높고, 술이나 담배와 같은 중독성 물질을 사용하고자 하는 유혹에 쉽게 빠지게 된다. 이러한 충동성과 쾌락추구 성향은 합리적인 사고를 하지 못하게 만들고 나쁜 결과에 대해서는 과소평가하고 자신에게 즐거움을 주는 것에 대해서는 과대평가하게 한다. 청소년은 자신의 행동의 나쁜 결과를 전혀 예측하지 못한다기보다는 예측은 하면서도 그것을 과소평가해버리게 되는 것이다. 예를 들어, 수학여행에서 술을 마시면 선생님들에게 야단을 맞을 수 있다는 것을 알면서도 술을 마셨을 때 즐거움이 너무 커서 그 부분을 과소평가해 버리는 것이다.

청소년기 뇌의 두 번째 특징은 편도체가 과잉활성화되어 감정기복이 심하다는 것이다. 청소년은 화를 냈다가, 우울에 빠져들었다가, 공포에 휩싸였다가, 누군가를 죽도록 미워했다가, 다양한 걱정들로 고통스러워하기도 한다. 이런 부정적 감정 외에도 너무 신나거나 흥분하거나 누군가를 극도로 사랑하는 모습을 보이기도 한다. 청소년들을 대하기 어려운 이유 중에 하나가 바로 이런 극단적인 감정 표현 때문이다. 부모나 교사들도 청소년들의 극단적인 감정 표현으로 상호작용이 어렵다고 느끼게 되고, 도저히 예측할 수 없는 이런 감정 변화가 곤혹스럽고 화가 나기도 하며, 자꾸 그들의 눈치를 보게 된다. 아이들도 세상이 너무 행복한 드라마 같다고 느끼다가도 비극적인 영화의 주인공이 된 것 같은 기분도 들어서 자신이 양극성 장애 환자 같다고 하거나 다중 인격이 된 것 같다고 표현하는 경우도 있다.

이러한 극단적 감정을 경험하는 이유는, 편도체는 과잉활성화되었는데 이것을 조절해 주는 전두엽의 기능은 아직 미성숙하기 때문이다. 편도체는 감정과 밀접하게 연관된 부분으로 두려움, 분노, 슬픔 등의 가장 원초적인 감정에 관여한다. 전두엽이 아직 완전히 성숙하지 못한 상태에서 다양한 스트레스를 받게 되면 편도체가 활성화되고 원초적인 감정이 촉발된 상태에서 조절 기능이 부족하다 보니 더욱 극단적으로 반응하게 되는 것이다. 스트레스를 받으면 편도체에서 호르몬이 분비되어 스트레스에 대한 반응으로 '투쟁(싸움)'하거나 '도피'하도록 몸을 준비시킨다. 성인이 되면 전두엽이 성숙해지고 이런 투쟁-도피 반응을 조절할 수 있지만, 청소년들은 아직 조절하지 못하기 때문에 극단적인 감정으로 반응하게 되는 것이다. 스트레스를 받을 때 분비되는 호르몬인 코르티솔도 극단적 감정에 영향을 미치는데, 청소년기 여학생의 코르티솔 호르몬 수치가 더 높게 나타나기 때문에 여자 청소년들이 부정적인 감정을 더 많이 경험하게 된다.

세 번째 특징은 청소년기의 뇌는 회백질은 충분하지만 백질은 부족하다는 것이다(Jensen & Nutt, 2015). 회백질은 뇌의 뉴런(신경세포)이며 백질은 뉴런 간의 연결이다. 따라서 뉴런은 충분하지만 뉴런 간의 연결이 부족하다는 것이다. 청소년기에는 어떠한 것에 주의를 집중하는지에 따라서 뉴런 간의 연결이 강화될 뿐만 아니라 새로운 연결이 생겨나고 더욱 발전한다. 또한 뉴런 간의 연결회로를 감싸는 막인 '미엘린'이 생성되는데, 미엘린은 뉴런과 뉴런 간의 전기 신호가 흐르는 것을 가능하게 하고 더욱 빨리 흐르도록 해 준다. 청소년이 새로운 무엇인가를 배우고 지식을 쌓으면, 새로운 연결회로가 생길 뿐만 아니라 미엘린이 만들어져서 정보의 흐름을 더 빠르고 정확하게 만들어 준다. 청소년의 뇌에서는 특히 대뇌피질의 앞부분에서 이러한 연결이 더욱 활발하여 점차 현명하고 분별력 있는 판단도 가능해지기에 이러한 과정이 성인으로 발달해 가는 여정이다.

네 번째 특징은 청소년의 뇌에서는 뉴런과 뉴런 간의 연결이 줄어들게 된다는 것이다(Siegel, 2014). 아동기까지 뉴런의 수는 계속적으로 증가하는데 청소년기가 되면서 뉴런의 수가 감소하고 연결도 줄어들게 된다. 이러한 현상을 가지치기라고 하는데, 유전적인 프로그래밍의 영향도 있고 별로 사용되지 않는 영역의 뉴런과 뉴런 간의 연결은 제거되어 효율성을 높이기 위함이기도 하다. 이러한 현상은 청소년이 관심을 기울이는 영역의 뉴런과 뉴런 간 연결을 더욱 강화시키기 때문에 더욱 전문화될 수 있는 기회가 되기도 하지만, 가지치기 현상으로 인해 청소년의 문제가 더욱 강화되기도 한다. 청소년기가 되면 우울증, 불안 장애 등의 증상이 더욱 많아지는데, 이런 현상도 가지치기와 연관이 있다. 가지치기가 되면서 뇌의 취약성이 더 드러나기 때문이다. 그리고 스트레스는 가지치기를 더욱 강화하기 때문에 스트레스로 인해 뇌의 취약성이 더 심화되고 다양한 정신적 어려움도 나타난다.

다섯 번째 특징은 청소년들의 뇌는 스트레스로 인해 손상된다는 것이다(Jensen & Nutt, 2015). 우리 주변에는 청소년들에게 스트레스가 되는 요소들이 너무나 많다. 학업에 대한 스트레스는 말할 것도 없고, SNS에서 왕따를 당하거나 괴롭힘을 당하는 경우도 허다하며, 어딘가에 소속되지 못한 외로움도 아이들을 힘들게 하고 있다. 스마트폰 보급률이 90%를 상회하고 있는 현실에서 청소년들은 수많은 폭력, 재난, 사고 등에 노출되기 때문에 이런 사건들로부터 그들을 보호하는 것은 불가능하다. 온・오프라인에서 발생하는 따돌림의 문제도 청소년들의 정신건강을 위협하는데 청소년기에는 타인의 부정적 비판에 매우 취약하며 이러한 비난을 논리적으로 판단할 능력도 결여되어 있다. 우리나라 청소년의 행복지수가 OECD 국가 중 꼴찌라는 점도 얼마나 많은 아이들이 스트레스에 노출되고 있는지 짐작케 한다. 다양한 정신적 및 신체적 스트레스와 외상을 경험한 청소년의 전두엽에 회백질 양이 적고, 이러한 전두엽 활성의 감소는 주의집중 능력, 기억력의 감소와 동기 감소 및 충동조절의 어려움을 유발한다. 이런 문제는 학업 능력의 저하와 정서 · 행동 문제를 유발시키며 적응을 어렵게 한다. 스트레스로 고통받는 청소년에게는 이러한 문제를 해결할 수 있도록 도와줄 수 있는 성숙한 성인의 지지와 지원이 필요하다.

여섯 번째 특징은 청소년의 뇌는 과도한 인터넷 사용으로 손상된다는 것이다(Jensen & Nutt, 2015). 인터넷 중독 문제를 가진 청소년의 뇌를 관찰해 보면 전두엽의 연결성이 떨어져 있는데 이로 인해 통찰, 합리적 판단, 문제해결 능력이 저하될 수 있다. 또한 안와전두피질의 영역이 정상 청소년보다 작았는데, 이런 패턴은 강박 장애를 가진 사람의 뇌와 유사하다. 인터넷을 하고 싶다는 갈망을 가지고 있는 사람의 뇌에서는 인터넷을 할 때마다 도파민이 방출되는데, 이러한 현상은 알코올이나 니코틴, 약물에 중독되었을 때 보이는 현상과 유사하다. 코로나 시대를 경험하면서 인터넷 사용을 피할 수 없다면 현명하게 사용하는 방법을 익히는 것이 필요하다. 게임에만 몰두하지 않도록 모니터링을 하고, 다른 해야 할 일을 수행하고 나서 일정 시간 인터넷을 사용하도록 하며, 건전한 인터넷 사용에 대한 교육을 증대해야 한다.

청소년의 뇌에 대한 이해를 바탕으로 청소년들과 조화롭게 생활하기 위해 성인(부모나 상담사)이 할 수 있는 일들을 몇 가지 제안하면 다음과 같다.

첫째, 청소년들과 의사소통할 때 유의할 점은 작은 일에 원칙을 강조하며 힘겨루기를 하지 말아야 한다는 것이다. 작은 일의 예로는, 방학 때 염색(탈색)을 한다든지, 온라인 게임에 빠져 밤을 새운다든지 하는 일이 될 수 있다. 심각한 문제를 야기하지 않는 일들은 시도해 볼 수 있도록 놔두는 것이 필요하다. 작은 시도들이 성인의 입장에서는 불편할 수 있지만, 청소년의 입장에서는 다양한 도전을 하면서 꿈도 키우고 시행착오도 경험하면서 어른으로 성장하는 것이다. 성인의 시각에서는 반듯하고 절제된 모습이 보기 좋을 수 있지만, 아무 시도도 하지 않는 청춘으로 성장할 수 있다는 점도 기억해야 한다.

둘째, 청소년들 곁을 성인이 지켜 주어야 한다는 것이다. 대부분의 청소년은 성인이 옆에 있는 것을 불편하게 여기기도 한다. 성인의 충고나 조언을 잘 듣지도 않고 멀리 떨어지라고 요구하기도 한다. 이런 경우, 성인들은 청소년들의 말에 상처를 받기도 하고 자신이 뭔가 잘못하고 있는 것은 아닌지 고민하며 관심을 접어 두게 되는 경우가 많다. 하지만 청소년들도 자신의 모든 행동이 다 이해가 되는 것은 아니다. 성인이 옆에서 지켜 주며 그들의 행동에 대해 이런저런 이야기를 해 주지 않으면, 청소년들은 어떤 행동이 왜 잘못되었는지 파악하기 어렵다. 성인의 조언을 듣지 않으려는 반항적인 태도도 청소년들이 항상 의도하는 것은 아니다. 반항적으로 행동하고 나서 후회하는 경우도 있지만, 되돌릴 용기가 부족한 경우가 더 많다. 따라서 책임감 있는 성인이 청소년의 곁을 지키며 조언과 지지를 해 주는 것이 필요하다.

셋째, 청소년들에게 조언을 할 때에는 조언의 이유도 반드시 알려 주어야 한다. 단순히 '하지 말라'는 조언은 청소년들에게 잔소리로밖에 들리지 않으며, 결과적으로 아이들이 귀를 막게 할 수 있다. 이 상황에서 왜 이런 말을 하는지에 대한 명확한 이유가 우선되어야 하며, 이 조언을 하는 이유가 그들의 안전, 안정, 발전을 위한 것이라는 점을 꼭 알려 주어야 한다. 청소년은 무언가를 배울 준비가 되어 있다. 청소년들은 따뜻한 관심과 명확한 이유를 동반한 조언을 받아들일 만큼 충분히 성장해 있다.

넷째, 청소년기의 뇌는 경험에 의해 변화되는 가소성을 가지고 있다. 물론 이러한 가소성은 단지 청소년기에만 국한된 것은 아니지만 성인의 경우 청소년기의 뇌에 비해 상당히 제한적이다. 어떠한 환경에 노출되는가에 따라 뇌는 계속 변화하고 경험에서 얻은 결론에 따라 성인이 되어서도 특정한 행동을 하게 된다. 그러므로 청소년들이 작은 실수를 하더라도 잘 참아 주고, 그 실수를 고치면서 그들이 변화할 수 있도록 진지하게 이야기 나누며 기회를 주고 지지해 주는 것이 중요하다.

2) 정서조절과 자율신경계 반응

(1) 자율신경계의 발달

신경계는 신체 내부 혹은 외부에서 발생하는 자극과 정보를 받아서 처리하고 반응하는 것과 관련된 기관계로 중추신경계와 말초신경계로 구성되어 있다([그림 1-3] 참조). 중추신경계는 뇌와 척수로 구성되며 말초신경계는 뇌와 척수에서 나와 전신으로 뻗어 나가는 신경계로 구성되어 있다. 말초신경계는 다시 체성신경계와 자율신경계로 나뉘며, 체성신경계는 뇌신경과 척수신경으로 구성되고, 자율신경계는 교감신경계와 부교감신경계로 나뉜다. 외부에서 들어오는 자극은 감각수용기를 통해 우리 몸에 들어오며, 이렇게 입력된 자극은 감각 뉴런을 거쳐 연합 뉴런으로 가서 처리된 후 운동 뉴런으로 가서 반응으로 나타나게 된다. 여기에서 감각 뉴런과 운동 뉴런은 말초신경계이고, 연합 뉴런은 중추신경계에 해당한다. 최근에는 말초신경계 중에서 자율신경계에 관심이 집중되고

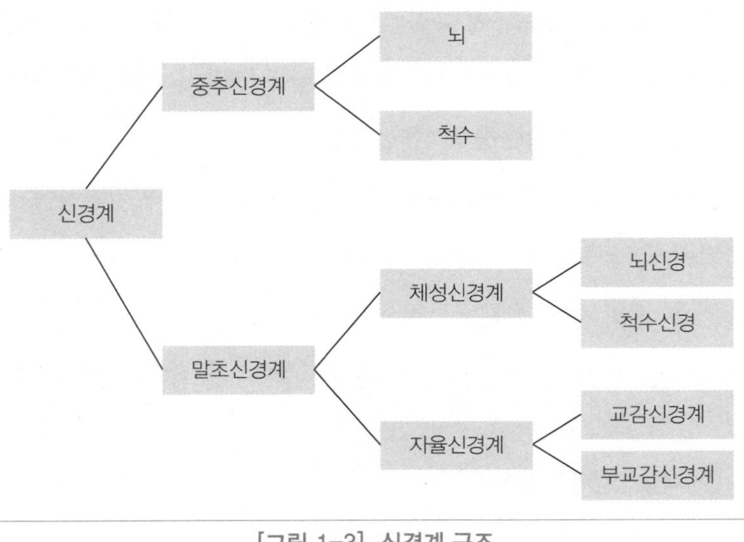

[그림 1-3] 신경계 구조

있으며, 자율신경계 중에서도 부교감신경계의 구조와 역할에 대한 많은 연구가 뇌과학자뿐 아니라 신경심리학자들에 의해서도 진행되고 있다.

자율신경계는 개인의 경험에 의해 변화되며 출생 이전의 환경 경험에서도 영향을 받는다. 임신 중에 어머니가 경제적인 어려움, 담배나 술 등의 물질 사용, 정서적인 스트레스 등을 경험한다면 아기의 자율신경계는 혼란스러워진다. 어머니의 불안과 우울은 아기에게 전염되며, 아기의 활동성과 심박수에 영향을 미치기도 한다. 자궁에서의 초기 경험은 아기의 자율신경계에 영향을 미쳐 반응 패턴을 형성하게 되며, 출생 후 생애 초기의 경험도 자율신경계의 반응 패턴에 영향을 미치게 된다. 어머니가 아기에게 반응적이며 친밀하고 애정적인 상호작용을 하고 공동조절하는 경우, 아기는 안전을 경험하게 되고 조절된 신경계를 형성하지만, 가족 간의 불화나 부부싸움이 많은 경우 아기의 신경계는 혼란스러워지고 추가적인 개입이 없다면 자율신경계의 조절 불능은 한 세대에서 다음 세대로 전달된다.

조산아나 미숙아를 대상으로 하는 연구에서 캥거루 케어 방식(캥거루가 새끼 캥거루를 앞주머니에 넣고 다니면서 돌보듯 아이를 엄마의 배 위나 품에 감싸 안는 방식)이 아기들의 심장, 호흡, 체온 조절, 수면에 긍정적인 변화를 가져왔다. 이러한 직접적인 연결과 접촉이 아기의 신경계를 안정시키고 조절한다. 이후에도 적응적인 부모-자녀 관계는 자녀의 발달적 변화에 따라 적절한 방식으로 조절

되며 부모와 자녀의 공동조절 경험은 자녀의 이후 자기조절 능력의 기초가 된다. 이러한 부모의 공동조절은 완벽하거나 쉼 없는 조절을 의미하지는 않으며, 일부 불일치가 일어나더라도 불일치 이후에 이것이 어떻게 인식되고 회복되는지에 따라 더욱 유연하고 탄력적인 체계가 구축될 수 있게 한다.

하지만 부모가 자녀를 공동조절하지 못하고 자녀의 주변 환경이 혼란스러워 조절 불능의 상태가 되면 신체적으로는 면역 저하, 소화기 질환, 호흡기 질환, 당뇨, 심장 질환, 뇌졸중, 만성 피로 등을 유발하며, 심리적으로는 사회적 고립, 외로움, 분노, 과잉경계, 주의집중 어려움, 우울, 불안 등을 경험하게 한다. 이 모든 것은 자율신경계의 취약성으로 인해 발생하는 것이다.

(2) 다미주신경이론

다미주신경이론은 Stephen Porges 박사(2011)가 제안한 뇌신경발달모형으로 자율신경계의 진화에 기반을 두고 있다. 파충류와 포유류는 진화적으로 행동 양식에 큰 차이가 있다. 파충류는 개별적으로 생활하지만 포유류는 사회적 관계를 맺고 부모에 의해 보호와 돌봄을 받아야 한다. 이러한 행동의 차이는 진화로 인한 것으로 진화의 과정 중에 자율신경계도 함께 변화하였다. 자율신경계는 위험한 상황에서의 방어 방식에 관여하는데, 여기에는 부동화와 투쟁-도피 방식이 있다. 부동화(얼어붙음)는 원시적인 형태의 방어로서 파충류의 방어 방식으로, 위험을 느낄 때 개구리가 죽은 것처럼 얼어붙는 것과 같다. 투쟁-도피는 진화한 포유류의 방어 방식으로, 위험을 느낄 때 사슴이 동공이 커지고 심장이 빨리 뛰며 도망갈 준비를 하는 것과 같다. 한편, 포유류의 진화로 인해 자율신경계의 새로운 요소가 출현하였는데, 이것이 바로 사회적 참여이다. 사회적 참여는 안전한 상황에서 타인과 연결되고자 하는 반응이다.

Porges는 이러한 세 가지 반응을 교감신경계와 부교감신경계(등쪽미주신경계, 배쪽미주신경계)에 연결지어 설명하였다([그림 1-4] 참조). 그는 자율신경계가 두 개의 대립적인 체계가 아니라 세 가지 하부 체계로 구성되어 있으며, 외부 세계의 위험 상태를 세 가지 단계로 구분하여 위계적으로 반응하게 된다고 설명하였다. [그림 1-5]에서 보면, 외부 세계에서 위험이 없고 안전한 상황에서는 가장 최근에 진화한 배쪽미주신경계가 작동하여 자신과 다른 사람을 연결하게 되는데, 얼굴과 머리의 근육을 조절하여 보고 듣고 말하는 감정을 표현하고 고개를 기울이거나 돌리기도 한다. 이 시스템

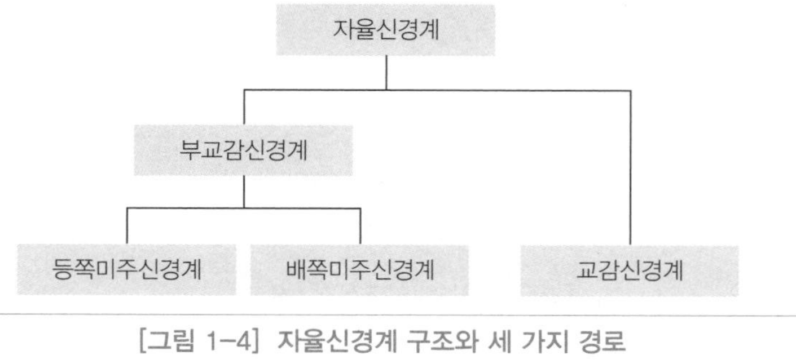

[그림 1-4] 자율신경계 구조와 세 가지 경로

은 자신의 정보를 표현하고 타인에 대한 정보를 수집하기 때문에, 타인과의 연결을 유도하는 얼굴 표정, 목소리, 몸짓을 조절하며 거부의 신호를 보내기도 한다.

외부 세계의 위험 상태에 따라 각성이 증가하게 되고 심각한 위험의 상태는 아니지만 각성이 증가되는 상황에서 교감신경계는 투쟁–도피 반응을 활성화하여 혈액순환과 심장박동을 증가시키고, 체온을 조절하며 신체에 에너지를 공급한다. 심각한 위험에 노출되었을 때는 진화적으로 가장 초기에 발달하는 등쪽미주신경계는 뇌간에서 시작하며 횡격막 아래의 기관들을 조절하면서 심각하게 위험한 상황에서 얼어붙음(부동화) 반응을 나타내게 한다. 등쪽미주신경은 현재의 상황을 피할 수 없을 때 반응하여 감각과의 단절,

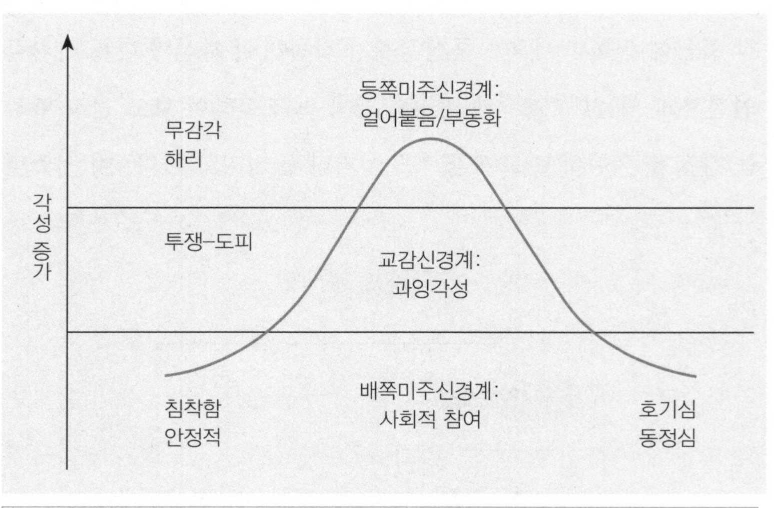

[그림 1–5] 다미주신경이론 그래프

출처: www.rubyjowalker.com에서 발췌.

해리 등의 반응 형태를 나타내게 한다. 심각한 외상(죽을 것 같은 공포와 두려움의 경험)을 경험할 때 우리는 도망가지 못하고 꼼짝도 못한 채 얼어붙어 있거나 멍해지고 정신을 차리지 못하게 되는데 이런 반응이 바로 부동화 반응이다.

배쪽미주신경계는 자율신경계를 감독하는 역할을 하며 이 기능이 원활할 때 신체는 건강한 항상성이 유지된다. 하지만 심각한 외상이나 스트레스는 배쪽미주신경을 압도하여 하위 단계인 교감신경계에서 투쟁-도피 반응을 촉발시키고, 이것으로도 해결되지 않는 상황에서는 우리의 신체가 등쪽미주신경의 부동화 상태로 전환된다. 등쪽미주신경상태(부동화)에서 배쪽미주신경으로 되돌아가는 것은 어려우며, 등쪽미주신경에서 벗어나기 시작할 때는 교감신경계가 동원된다.

여기서 중요한 점은 신경계의 외부 세계에 대한 반응 방식은 이렇게 다양하지만, 어떤 반응 방식을 사용할지를 자발적으로 결정할 수 없다는 것이다. 신경계는 환경에 대한 위험을 자동적으로 평가하여 판단하고 반응행동을 결정한다. 이것을 신경지(neuroception)라고 하는데, 환경의 위험을 의식하지 않은 채 자동적으로 평가하는 것을 의미한다(Porges, 2017). 외부 세계의 위험을 자동적으로 평가하여 배쪽미주신경계로 반응할지, 교감신경계로 반응할지, 등쪽미주신경계로 반응할지가 정해지기 때문에 의식적으로 노력해도 자신의 반응을 선택하거나 변경할 수 없다. 그리고 같은 환경에 대한 반응도 사람에 따라 달라질 수 있다. 하나의 사건이 어떤 사람에게는 죽을 것 같은 고통으로 느껴져 해리반응을 일으키게 되기도 하고 어떤 사람에게는 맞서 싸워야겠다는 반응으로 이어질 수 있다.

각성 수준이 올라간 청소년들과 상담을 할 때 고려해야 할 점은 그들이 사회적 관계를 맺기 어려운 상태라는 것이다. 그들은 생리적으로 얼어붙어 있거나 도망치고 싶거나 싸우고 싶은 상태이기 때문에 그들의 각성을 낮춰 주는 개입이 필요하다. 따라서 성공적인 상담을 위해서 청소년들이 안전하다고 느낄 수 있는 환경을 조성하고 안정화시키는 작업을 해야 한다. 즉, 스트레스와 혼란을 경험하는 청소년이 정서조절을 할 수 있도록 하기 위해서는 생리적 각성 수준을 내려 주는 심리치료적 개입이 필요한데, 생리적 각성을 낮춰 주는 효과적인 방법으로 각광받고 있는 것이 호흡을 통한 마음챙김 훈련이다. 이 책의 제2부에서는 마음챙김 훈련을 위한 다양한 방법에 대해 안내하며, 상담사와 함께 청소년들이 마음챙김 훈련을 하다 보면 부동화 상태에서 투쟁-도피 상태로, 그리고 사회적 연결의 상태로 이동하게 되어 심신의 안정을 찾을 수 있다.

제2부

청소년을 위한 마음챙김 기술

이 장에서는 저자들이 수년간 청소년을 대상으로 적용해 온 '마음챙김 기반 대처기술 훈련'을 소개하고자 한다. 마음챙김 기반 대처기술 훈련이 기존의 사회기술 훈련이나 인지치료와 다른 것은 명상 훈련이 강조되어 있다는 점이다. 청소년의 특성상 명상만으로는 충분하지 않기 때문에 명상에 기반한 훈련 이전에 심리교육이 필수적임을 강조하고자 한다. 따라서 이 장에서는 청소년들이 흔히 경험하는 다양한 정신건강의 어려움을 이해하고 이를 위한 심리교육적 접근과 마음챙김 명상을 안내하고자 한다. 청소년기에 겪는 대표적인 심리적 어려움에는 우울, 자아존중감(이하 자존감), 불안, 분노조절의 어려움이 있다. 심리적 문제를 가지고 있는 청소년을 다룰 때 교사나 상담사들이 필수적으로 알아야 할 정신건강 관련 지식과 함께 간략하게 평가할 수 있는 척도, 그리고 청소년과 함께 작업해 보면 도움이 될 만한 몇 가지 심리교육 방법도 제안하고 있다. 청소년과 상담 시 다음 장에 제시하고 있는 마음챙김 개입과 함께 병용해서 사용할 수 있으며, 청소년의 건강한 마음관리를 위한 심리교육에도 활용될 수 있다.

1. 청소년의 마음관리를 위한 심리교육

1) 우울

청소년기는 정신적으로 힘들고 스트레스가 많은 시기이다. 여러 감정이 변화무쌍하게 바뀌는 것도 청소년 시기에는 지극히 자연스러운 일이다. 때때로 이러한 변화는 점진적이고, 어떨 때는 갑작스럽기도 하다. 청소년들은 한 주는 신나게 지내다가도 그다음 주에는 완전히 압도당하거나 좌절감을 느끼기도 한다. 하지만 앞서 언급한 대로 청소년들에게 이는 정상적인 반응이다. 그런데 이런 감정이 사라지지 않고 오래 지속되고 너무 강렬하다면, 우울증을 경험하고 있다는 신호일 수도 있다.

청소년의 우울증은 우울함 그 이상이며, 생각하고 느끼고 행동하는 방식에 영향을 줄 수 있는 심각한 기분 장애로 가정, 학교 및 사회생활에서 문제를 일으킬 수 있다. 우울증을 경험하면 어둠의 구름이 결코 걷히지 않을 것만 같은 압도적인 절망감을 느끼게 된다. 어느 날은 침대에서 일어날 수 없다고 느끼기도 하고, 심지어 자신만이 이러한 것을 느끼고 아무도 이해해 주지 못할 것이라고 느끼기도 한다. 실제로 주요우울장애는 전 세계에서 가장 흔한 정신 질환 중 하나이며, 주변을 둘러보면 많은 청소년이 이런 감정과 싸움을 하고 있다.

하지만 '우울'이라는 단어는 과용되는 경향이 있다. 청소년들이 운동경기에서 지거나 시험을 못 봤을 때도, "나 너무 우울해."라고 말하는 것을 들을 수 있다. 하지만 그것은 슬프거나 좌절스러운 사건에 대한 정상적인 반응이며, 임상 수준의 우울증과는 많이 다르다. 우울증의 느낌을 말로 표현하기는 어려울 수 있지만, 어떤 청소년들은 그것을 블랙홀 같다고도 하고, 먹구름 아래에 있는 것 같다거나 사라져 버릴 것 같은 기분이 든다고 표현한다. 어떤 청소년들은 슬픔이나 불행의 감정을 피할 수 없다고 느낀다. 하지만 우울증을 경험하는 청소년 중 일부는 그들이 전혀 슬프지 않다고 말하기도 한다.

청소년의 우울 증상은 매우 다양할 수 있는데, 다음 표는 청소년들이 우울하다고 느낄 때 나타나는 일반적인 증상들이다.

〈표 2-1〉 **청소년들이 느끼는 우울 증상**

우울한 기분	슬픔/불행감	수면 장애
과수면	활동에 대한 흥미 상실	피로
죄책감	식습관의 중대한 변화	무모한 행동
집중하기 어려움	쓸모없는 존재가 된 기분	분노
의사결정의 어려움	통증과 고통	짜증
두통	고립된 나	복통
무력감을 느낌	죽음에 대해 생각하는 것	자해
부정적 감정	자살사고	망각
내 자신을 돌보지 않는 것	실망스러운 기분	많이 울기
수업을 빠지기	약속을 지키지 못함	불안
가족과의 싸움	친구와의 싸움/회피	알코올 사용
약물 사용	흡연	낮은 성적

무엇이 우울증을 유발하는지 정확히 알 수는 없지만, 다양한 문제들이 연관되어 있을 수 있다. 우울증의 유발 요인은 사람마다 다른데, 어떤 청소년은 가족 내 죽음과 같은 충격적인 생활사건 후에 우울증을 경험할 수도 있고, 다른 청소년은 사회적 문제와 유전의 영향으로 우울증을 경험할 수도 있다. 하지만 모든 사람이 그들만의 방식으로 삶을 경험하기 때문에 한 청소년을 다른 청소년과 비교하는 것은 적절하지 않다.

우울증의 조기 치료는 성인기의 정서적 어려움이나 관계의 문제뿐만 아니라 학업 문제, 법적 문제, 품행상의 문제를 줄일 수 있다. 장기적인 마음챙김 기반 개입 연구가 아직 수행되지 않았지만, 심리적 위기를 겪고 있는 청소년에게 심리교육과 마음챙김 훈련을 제공하는 것은 더 심각한 문제를 예방하는 데 도움이 될 수 있다고 알려져 있다.

우울한 청소년을 만날 때 유의할 사항은 다음과 같다. 동기를 부여하기 위해, 초반부터 너무 도전적인 활동을 소개하는 것은 좋지 않다. 우울한 청소년들은 더 천천히, 더 작은 활동부터 시작하는 것이 중요하다. 특히 청소년들이 좌절하거나, 지루해하거나, 집중하지 못하면 속도를 늦추고 좀 더 쉬운 활동을 하는 것이 필요하다. 그들이 무력감을 표현한다면 현재의 순간에 집중하기보다는 비판단적으로 너그럽게 스스로를 돌보고 다독이는 것, 즉 자기 친절을 강조하는 것이 좋다.

청소년이 우울한지 확인하기 위해 다음 척도를 사용할 수 있다.

〈표 2-2〉 **우울척도**

내용	네	아니요
1. 예전에 즐겨했던 활동을 즐기기 어렵다.		
2. 지난 2주 동안(혹은 더 오래) 대부분의 시간에 슬프거나, 화가 나거나, 짜증을 느껴 본 적이 있는가?		
3. 밤에 잠을 잘 못 자거나 너무 많이 자는가?		
4. 식욕에 큰 변화가 있었는가(식욕이 너무 없거나 너무 많은가)?		
5. 집중하기 어려운가?		
6. 인생이 절망적이고 아무도 나를 도와줄 수 없을 것 같은가?		
7. 두통이나 복통, 근육통이 있는가?		
8. 술을 마시거나 담배를 피는가?		
9. 죽고 싶다는 생각을 하거나 죽음을 생각해 본 적이 있는가?		
10. 자해를 한 적이 있는가?		
〈'네'의 개수〉 *0~3개: 정상적일 수 있지만, 주의 깊게 관찰할 필요가 있음 *4~5개: 경증에서 중등도 증상을 가지고 있으며, 상담이 필요한 상태 *6개 이상: 심각한 상태이며, 즉각적인 개입이 필요		

※ 단, 8, 9, 10번이 '네'인 경우에는 즉각적인 개입이 필요.

(1) 심리 가이드 1: 스트레스 회전목마

스트레스가 만병의 근원이라는 말처럼 우울 역시 스트레스로 인해 발생하고, 스트레스를 많이 받는 청소년의 경우 쉽게 우울증을 겪을 수 있다. 일정한 패턴으로 빙글빙글 도는 회전목마처럼 스트레스 역시 반복되는 굴레처럼 느껴지게 되고, 멈추지 않는 회전목마에서 내리기조차 힘든 상태로 무력감까지 느낄 수도 있다.

따라서 건강한 경계를 설정하여 스트레스를 주는 회전목마에서 내리기 위한 조치를 취해야 한다. 경계란 청소년이 스스로를 돌보기 위해 설정하는 한계다. 각각의 목마에 스트레스를 느끼는 항목을 적고 스트레스의 크기를 1~5점으로 평정한다. 1점은 스트레스가 가장 낮은 것이고 5점은 스트레스가 가장 높은 것이다. 목마에서 내려오려면 각 목마에 해당하는 스트레스를 줄여야 하는데 이 과정에서 스트레스를 조절하는 방법을 배울 수 있다.

다섯 목마에 해당하는 각각의 스트레스의 내용과 크기를 적어 보고, 스트레스를 감소시킬 수 있는 대처전략을 적어 보도록 돕는다. 예를 들어, 엄청난 양의 학원 숙제가 스트레스이고, 스트레스 점수는 4라고 쓰게 한다. 이에 대한 대처전략은 주의집중을 높일 수 있도록 도서관 혹은 독서실에 다니거나 숙제의 양을 줄일 수 있도록 학원 선생님과 상의하는 것 등이 있다.

[그림 2-1] 스트레스 회전목마

(2) 심리 가이드 2: 인지 오류에 도전하기

우울한 청소년들은 인지 오류를 가지고 있는 경우가 많은데, 인지 오류는 비이성적이고 과장되거나 부정확하기 때문에 사건을 실제보다 훨씬 심각하게 느끼게 한다. 우울증을 악화시킬 수 있는 인지 오류를 재미있는 표현방법을 사용하여 청소년들에게 설명함으로써 인지 왜곡을 발견하고 수정하도록 도울 수 있다.

〈표 2-3〉 **우울증을 유발하는 인지 오류**

독심술사 (독심술)	다른 사람들의 생각을 읽을 수 있고 다른 사람들이 나를 어떻게 생각하는지 정확하게 알 수 있다는 생각 예: "저 친구는 나를 싫어해요." 또는 "선생님은 나를 바보라고 생각해요."
점쟁이 (재앙화)	어떤 상황에서도 끔찍한 일이 일어날 것이라고 예측하는 경향 예: "친구들 모임에 나가 봤자, 아무도 나한테 말을 걸지 않을 거야." "나는 어차피 좋은 대학 가기는 틀렸어."
판사 (이분법적 사고)	사물을 단순히 좋거나 나쁘거나, 옳거나 그르거나로 판단하는 경향 예: "착하지 않으면 나쁜 거야." "성공이 아니면 실패한 거야."
별칭 제작자 (명명하기)	제한된 정보를 바탕으로 별칭을 짓는 경향 예: "수다쟁이" "패션테러리스트"
내탓이요, 내탓 (자기 탓)	자신과 상관없는 일에 대해서도 자신과 관련이 있다고 생각하는 경향 예: "내가 잘못해서 남자친구가 찬 거야." "나 때문에 우리 팀 과제를 망쳤어."
비난자	다른 사람 때문에 일을 망쳤다고 생각하는 경향 예: "엄마 때문에 시험 망쳤어." "친구 때문에 실수한 거야."
엄격한 코치	엄격하고 비현실적인 기준을 강조하는 경향 예: "발표를 잘해야만 했어. 나는 정말 겁쟁이야."

청소년들이 어떠한 인지 오류를 가지고 있는지 탐색해 보고, 자신의 인지 오류에 도전할 수 있도록 다음의 질문을 사용하여 대안적인 생각을 탐색하도록 돕는다.

- 어떤 인지 오류를 가지고 있나요?
- 이러한 생각은 어떻게 만들어졌을까요?
- 걱정하는 것에 대해 다른 결과가 있을 가능성이 있을까요?
- 예전에 겪은 비슷한 상황에서는 어떤 결과가 일어났었나요?
- 내 생각이 맞을 확률은 어느 정도 되나요? 100%? 50%? 5%?
- 전에 비슷한 상황을 이겨 낸 적이 있었나요? 그때 어떻게 했었나요?
- 일어날 수 있는 최악의 상황은 무엇인가요?
- 최악의 일이 일어나면 어떻게 대처할 건가요?
- 이 일에 대한 다른 시각이 있나요?
- 나는 미래를 내다볼 수 있나요?
- 내가 놓치거나 잊은 정보가 있나요?

(3) 심리 가이드 3: 대처기술 개발하기

우울한 청소년들은 기분이 좋아지는 방법에 대한 아이디어나 정보가 부족할 수 있다. 기분이 좋아질 수 있는 대처기술을 찾아보고 실행해 보면서 자신에게 잘 맞는 대처기술을 개발할 수 있도록 돕는 것이 필요하다.

다음의 예시 외에도 새로운 아이디어가 추가될 수 있다. 자신에게 맞는 방법을 찾는 과정에는 시행착오가 있을 수 있으며, 대처기술은 언제든 추가되거나 제외될 수 있음을 알려 주어야 한다. 개인 혹은 집단 프로그램에서 대상 청소년들이 스스로 찾게 하는 것도 좋은 방법이다.

〈표 2-4〉 **나만의 대처기술 찾기**

산책하기	콜라주 만들기
일몰 감상	춤추기
재미있는 영화 보기	새로운 기술 배우기
가장 친한 친구에게 전화하기	게임하기
뜨거운 물에 샤워하기	자원 봉사
낮잠 자기	공원 산책
반려동물과 놀기	오랜 친구에게 문자메시지 보내기
일기 쓰기	좋아하는 음악을 듣기(너무 우울한 음악 주의)
좋아하는 아이돌 노래 듣기	⋮
운동	⋮

(4) 심리 가이드 4: 정서 이해

기분 온도계

청소년들은 매일의 일상에 휘말려 자신의 감정을 제대로 인식하고 조절하는 것을 힘들어한다. 자신의 격한 감정을 조절하기 위해서 자신의 기분과 감정을 이해하는 것이 필요하다. 기분 온도계는 자신이 느끼는 기분이 무엇인지 이해하고 그것을 수치화하는 방법

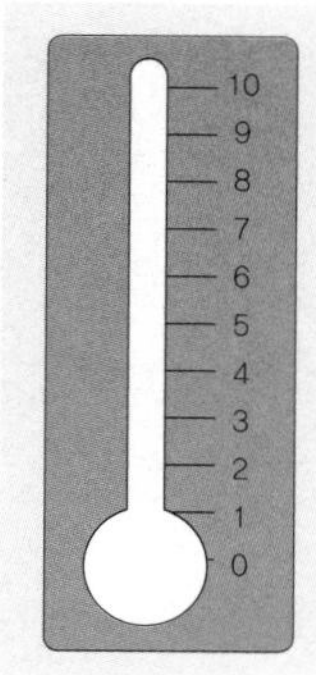

오늘 어떤 기분을 가장 많이 경험했나요?

그 기분의 크기를 0~10으로 표현한다면 얼마 정도 될까요?
(0: 가장 약함, 10: 가장 강함)

그 기분에 색깔을 정해서 온도계에 표시해 보세요.

긍정적 기분을 더 높일 수 있는 방법에는 무엇이 있을까요?

부정적 기분을 더 낮출 수 있는 방법에는 무엇이 있을까요?

을 익히게 해 준다. 감정을 이해하고 그것의 크기를 알게 되면서, 그것을 조절할 수 있는 방법을 찾을 수 있다. 그리고 자신이 경험한 부정적인 감정은 낮추고, 긍정적인 감정을 높일 수 있는 다양한 전략도 찾아볼 수 있다.

상황과 기분 연결하기

상황에 대한 다양한 감정을 연결해서 이해하는 것은 청소년이 자신을 이해하는 데 도움이 되며, 그 상황을 대처하는 데 도움을 줄 수 있다.

- 내가 행복할 때는?
- 내가 만족스러울 때는?
- 내가 슬플 때는?
- 내가 고통스러울 때는?
- 내가 화가 날 때는?

- 내가 무서울 때는?
- 내가 질투가 날 때는?
- 내가 부끄러울 때는?
- 내가 짜증날 때는?
- 내가 고통스러울 때는?
- 내가 외로울 때는?
- 내가 불안정해질 때는?
- 내가 불편할 때는?
- 내가 감사할 때는?
- 내가 흥분될 때는?
- 내가 기대할 때는?

2) 자아존중감

자아존중감(이하 자존감)은 자아개념 또는 자아정체감에 대한 긍정적인 평가를 의미하며, 긍정적인 자존감을 가진 사람은 자신의 가치를 믿고 자신이 누구인지 받아들이는 법을 배우며, 다른 사람들과 마찬가지로 강점과 약점을 모두 가진 인간이라는 것을 이해한다.

자존감이 높은 사람은 자신을 신뢰하고 자신의 성취에 자부심을 갖고 미래에 대한 목적과 희망을 가질 수 있다. 타인에게 의존하지 않고 결정 내릴 수 있고, 다른 사람들이 생각하는 것에 대해 걱정하지 않고 자기의 의견을 제시할 수 있다. 자신이 들인 노력이 결과만큼 중요하다는 것을 알고, 현재의 실패가 세상의 끝이 아니라는 것도 안다. 또한 독립심과 상호의존성 간의 균형을 찾을 수 있는데, 혼자서 시간을 보낼 수 있을 뿐만 아니라 집착하거나 위압적이기보다는 건강하고 안전한 관계를 형성할 수 있다. 건강한 경계를 설정할 수 있고, 데이트와 우정에서 더 나은 경험을 할 수 있다. 자존감이 높은 사람들은 다른 사람에게 조종당하거나 잘못 대우받을 가능성이 적으며 건강하지 않은 상황에서 벗어날 때를 알고 있다. 또한 다른 사람들과 의사소통이 원활하고 수치심이나 당혹감을 느끼지 않으면서 도움을 요청할 수 있다. 이에 따라 왕따, 따돌림을 당하는 경우가 적으며 타인의 거절을 두려워하지 않고 자신의 입장을 고수할 수 있다. 자존감이 높은 사람은 학교에서의 만연한 스트레스와 압력을 더 잘 관리할 수 있고 더 큰 안정감을 가지고 편안하게 살아갈 수 있다.

건강한 자존감은 다른 사람들이 원하는 것을 따르는 것이 아니다. 그것은 다른 사람들처럼 되려고 노력하는 것에 대한 것이 아니다. 청소년기에는 다양한 그룹의 아이들 사이에서 적응하고 자신의 자리를 찾아야 하는 엄청난 압박이 있다. 우리는 모두 다른 사람들에게 보여지고 받아들여지기를 원하지만, 자존감은 외부의 승인에서 오는 것이 아니다.

많은 사람은 낮은 자존감을 감추거나 자신을 지키기 위한 비생산적인 시도로 다른 사람들을 힘들게 한다. 어떤 청소년들은 자존감 문제로 스스로를 고립시키거나, 대처방법으로 자해행위에 눈을 돌리기도 한다. 어떤 이들은 특정한 방식으로 행동하는 것이 그들을 멋져 보이게 하거나 그들이 갈망하는 인정과 승인을 얻는 방법이라고 여겨 잘못된 집단으로 눈을 돌리거나 파괴적인 행동을 행하기도 한다. 그들은 다른 사람들에게 사랑을 받으면 자신이 누구인지에 대해 더 나은 기분을 느끼는 데 도움이 될 것이라고 거짓으로 믿는다. 하지만 건강한 자존감은 불안정함을 숨기거나, 새로운 정체성을 선택하거나, 타인의 약점에 주목함으로써 자신의 불완전함을 감추는 것이 아니다. 인정이나 인기를 얻기 위해 자신의 성취나 힘을 자랑하는 것도 아니고, 다른 사람들을 자신처럼 만들려고 하는 것도 아니다. 그것은 스스로를 좋아하는 법을 배우는 것에 관한 것이다.

자존감 vs 자신감

많은 청소년이 자존감과 자신감의 개념을 혼동한다. 언뜻 보면 비슷한 개념 같지만, 이것은 같은 의미가 아니다. 자존감은 자신의 전체적인 핵심 자아에 대해 어떻게 느끼는지에 대한 것이다. 자신감은 특정 분야에서 자신이 얼마나 능력 있고 충분히 감당할 수 있는지에 대한 믿음이다. 자신감은 개인의 기술과 재능에 달려 있어 어떤 분야에서는 자신감을 느끼지만, 또 다른 분야에서는 자신감을 느끼지 못할 수도 있다.

그렇다면 자신의 특정한 기술이나 업무 능력에 대한 믿음과 신뢰가 부족할 때, 그 자신감의 부족과 청소년의 자존감이 어떻게 관련되는지 살펴볼 필요가 있다. 예를 들어, 두 사람이 춤추고 있다고 상상해 보자.

둘 다 춤 실력에 자신이 없지만, 한 사람은 건강한 자존감을 가지고 있고 다른 한 명은 그렇지 않다. 자존감이 높은 사람은 다른 사람들의 생각에 동요하지 않고 앞으로 나가 우스운 몸짓으로 친구들과 재미있게 놀 수 있다. 하지만 자존감이 낮은 사람은 자신이 우스꽝스러워 보일까 봐 나가서 춤을 추지 못할 것이다. 자존감이 낮으면 우리의 삶을 즐기지 못하고 자신감이 낮은 영역에 더욱 연연하게 만든다. 건강한 자존감은 자신을 의심하는 순간을 넘어서서 불필요한 두려움 없이 삶을 즐길 수 있게 해 준다.

자존감이 낮을 때 자신감이 부족하면 불안감이 높아질 수 있다. 하지만 자존감이 높은 사람은 특정 영역에 대한 자신감 부족을 삶의 정상적인 부분으로 볼 수 있다. 우리가 잘하지 못하는 것에 연연하는 대신, 그 분야에서 개선하는 데 에너지를 쏟는 것을 선택할 수 있다. 건강한 자존감을 가진 사람들은 자신의 약점을 인정하고, 특정 분야에 자신감이 부족하다고 해서 스스로를 가치 없다고 느끼거나 충분히 좋지 않다고 인식하지 않는다.

특성 자존감 vs 상태 자존감

자존감에 관한 과거의 연구는 대부분 자존감의 수준이 높은지 낮은지에만 집중해 왔다. 그러나 연구자들은 자존감이란 단순하게 높거나 낮은 것으로 설명할 수 없는 복잡한 구조라고 제안하였다. 수준에 따라 구분되는 자존감과는 다른 개념의 자존감으로 특성 자존감과 상태 자존감이 있다. 자존감은 안정적인 형태(특성 자존감)와 불안정한 형태(상태 자존감)로 구성된 이질적인 구조라는 것이다.

안정적인 형태의 높은 자존감(특성 자존감)은 현실적이고, 잘 유지되며, 위협에 저항하는 자신에 대한 긍정적인 태도를 반영하기 때문에 '안전한' 것으로 본다. 즉, 안정적으로 자존감이 높은 사람은 많은 외부 검약하고, 지속적인 외부 검증을 필요로 한다. 불안정한 상태 자존감을 가진 사람들은 취약한 자존감을 보호하고 방어하는 데 지나치게 에너지를 쓰는 경향이 있다. 이러한 상태 자존감은 외부 평가나 특정 사건에 따라 왔다갔다 한다.

SNS에 올린 자신의 사진과 이야기에 대해 타인들의 '좋아요' 반응은 마음속이 꽉 채워지는 것 같은 느낌, 즉 자존감이 일시적으로 올라가는 느낌을 주기도 한다. 반면 중요한 타인들로부터 아무런 반응이 없는 경우에는 불편한 느낌, 내적 소외감, 불안감, 무가치한 느낌 등과 함께 자존감이 떨어지는 느낌을 받을 수 있다. SNS가 마치 무의식적인 자존감 척도가 된 것처럼 타인의 반응에 일희일비하는 모습은 불안정한 형태의 상태 자존감이 투영된 예시라고 볼 수 있다.

이처럼 불안정한 형태의 상태 자존감을 가진 청소년들은 자신의 존재감에 대한 확신이 부족하기 때문에 사소한 자극에도 민감하게 반응하고 감정의 롤러코스터를 탈 수 있다.

긍정적인 자존감을 쌓는 것은 시간이 걸리는 과정이다. 연습하는 것은 쉬워 보일 수 있지만, 실제에서 실행하는 것은 더 어려울 수 있다. 상담사는 인내심을 가져야 하며, 자존감을 높이는 훈련을 하는 청소년들도 인내심을 가져야 한다. 이 책에서 소개하는 새로운 기술을 여러 번 실행해 보고, 청소년들이 힘들어할 때는 속도를 조절해 가며 실시해야 한다. 시간과 공을 많이 들일수록 더 많은 효과가 나타날 것이다.

청소년에게 자존감을 평가해 보도록 다음 척도를 사용할 수 있다.

〈표 2-5〉 **자존감척도**

내용	전혀 아니다(0)	때때로 맞다(1)	자주 맞다(2)
1. 나는 나를 존중한다.			
2. 나는 자신감이 있다.			
3. 나는 내가 만족스럽다.			
4. 나는 충분히 괜찮은 사람이다.			
5. 나는 내가 자랑스럽다.			
6. 나도 남들처럼 가치가 있는 사람이다.			
7. 나는 환경이 바뀌어도 편안하다.			
8. 나는 필요한 사람이다.			
9. 나는 내 목표를 이루어 가고 있다.			
10. 나는 나를 긍정적으로 바라본다.			
11. 나는 내 친구만큼 괜찮은 사람이다.			
12. 나는 나의 좋은 점을 찾아낼 수 있다.			

*0~5: 자존감과 관련된 문제를 심각하게 경험할 수 있음. 즉각적인 개입 필요
*6~12: 자존감과 관련된 문제를 경험할 가능성이 있음. 청소년이 도움이 필요하다면 상담을 제공해 줄 필요 있음
*13 이상: 자존감과 관련된 특별한 문제를 경험하고 있지는 않지만, 각 문항별로 확인하여 어려움을 겪고 있는 부분이 있다면 도움을 줄 수 있음

(1) 심리 가이드 1: 자아 탐색하기

청소년기는 자신의 정체성을 탐색하는 시기이다. 그러나 일부 청소년들은 자신이 진정 누구인지 모르고 길을 헤매기도 한다. 진정한 자신을 알기 위한 시간을 가져 보는 것은 자존감을 높이기 위한 기초 작업이 된다.

- 내가 좋아하는 색깔은 ……
- 내가 가장 좋아하는 음식은 ……
- 내가 가장 좋아하는 곳은 ……
- 내가 가장 좋아하는 활동은 ……
- 내가 가장 좋아하는 취미/관심사는 ……
- 내가 가장 좋아하는 수업이나 과목은 ……
- 내가 가장 싫어하는 일은 ……
- 내가 가장 좋아하는 수업이나 과목은 ……
- 내가 가장 좋아하는 프로그램, 영화 또는 책은 ……
- 내가 가장 좋아하는 음악이나 노래는 ……
- 혼자만의 시간이 있을 때 ……
- 갈 곳을 선택할 수 있다면 ……
- 내 꿈의 직업은 ……
- 누구와 저녁을 먹을 수 있다면 ……
- 내가 가장 좋아하는 기억 중 하나는 ……
- 나의 가장 큰 성과 중 하나는 ……
- 나의 가장 큰 도전 중 하나는 ……
- 지금까지 내 인생에서 결정적인 순간은 ……

(2) 심리 가이드 2: 강점 찾기

건강한 자존감을 가진 사람은 자신의 강점을 존중하고 자신의 성취에 자부심을 가질 수 있다. 청소년에게 긍정적 성격, 재능과 성과를 찾아보도록 안내할 수 있다.

〈표 2-6〉 **나의 강점 찾기**

나의 긍정적인 성격	나의 재능	내가 이루어 낸 성과

(3) 심리 가이드 3: 죄책감과 수치심으로부터 자유로워지기

자존감이 낮은 사람들은 종종 만성적인 수치심에 시달린다. 수치심은 '나는 틀렸다' '나는 나쁘다'와 같은 부정적인 자기 대화(self-talk)에 빠지게 한다. 개인적인 부정적 신념은 부끄러움의 소용돌이를 만들어 자신에 대해 끔찍한 느낌을 갖게 한다.

자존감을 키우려면 수치심을 다스리는 것이 중요하지만 먼저 수치심은 죄책감과 다르다는 것을 이해해야 한다. 죄책감은 자신이 한 일이 잘못되었을 때 느끼는 기분이다. 수치심은 자신의 존재 자체가 잘못되었다고 느끼는 기분이다. 죄책감을 느낄 때, 상황에서 그럴 수밖에 없었다는 것을 인정하고 그에 대처할 방법을 찾아야 한다. 수치심은 자기 비난의 감정으로 이어질 수 있고 치유하는 데 더 많은 시간이 든다.

청소년에게 죄책감과 수치심을 구분하는 작업을 다음과 같이 시행해 본다.

- 나는 무엇에 대해 죄책감을 느끼나?

- 내가 죄책감을 느끼지 않기 위해서는 무엇을 해야 하는가?

- 나 자신이 부끄럽거나 잘못되었다고 느낀 적이 있는가?

청소년이 수치심에 시달리고 있다면(나 자신이 부끄럽거나 잘못되었다고 느낀 적이 있다고 대답한 경우), 자신의 불완전함을 받아들임으로써 이러한 감정을 해소할 수 있다. 인간은 누구나 불완전한 존재이기에 나 역시도 불완전할 수 있다는 것을 청소년에게 알려 주어야 한다. 우리는 자신보다 다른 사람에게 더 많은 위로와 연민을 표현하는 경향이 있기 때문에, 다른 사람에게 표현하는 연민을 청소년 자신에게도 똑같이 표현해 보도록 돕는 것이 필요하다. 청소년이 자신에게 해 줄 수 있는 위로의 말을 '나에게 보내는 편지'에 작성하도록 지도한다.

〈나에게 보내는 편지〉

____

____

____

____

____

____

____

____

(4) 심리 가이드 4: 감사의 편지 쓰기

다른 사람과 연결되어 있다는 것을 깨달을 때 내가 혼자가 아니며 존중받는 존재라는 것을 느낄 수 있다. 요즘 청소년들은 소셜 미디어와 휴대전화 메시지로 서로 연결되어 있다고 느끼곤 하지만 실제로 그 사람들에게 편지를 써 보는 것은 전혀 다른 경험이 될 수 있다. 자신에게 중요한 사람을 생각하면서 얼마나 많은 사람이 자신과 연결되어 있는지 느끼고 그 사람들에게서 받는 지지와 공감, 사랑에 대해 감사의 편지를 써 봄으로써 자신이 가치 있는 존재임을 느끼게 해 줄 수 있다. 뒷부분에 나오는 마음챙김 명상 훈련이 어느 정도 되어 있다면 감사명상으로 변환하여 적용할 수 있다. 청소년의 경우 글로 쓰는 것을 극도로 싫어하는 아이들도 많기 때문에 명상 형태로 변형해서 적용한 다음에 적도록 하거나 말로 표현하도록 할 수도 있다.

자신이 좋아하는 사람을 떠올려 보자. 친구든, 가족이든, 선생님이든 혹은 그 외의 사람이라도 좋다. 그 사람에게 감사한 이유를 적어 보자.
그 사람과 나누었던 재미있는 이야기나 추억을 떠올려 보자. 조만간 그 사람과 함께 하고 싶은 일이 있다면 그것도 함께 적어 보자.

〈감사의 편지〉

__________________**에게**

(5) 심리 가이드 5: 가치 파악하기

청소년들이 중요하게 생각하는 가치들을 찾아보고 그것의 순위를 매겨 달성하게 하면 자존감을 향상시킬 수 있다.

나에게 중요하다고 생각하는 가치들을 선택해 보자. 다음 예시에 없다면, 더 추가할 수 있다.

- 좋은 친구가 되기
- 가족을 최우선으로 하기
- 자원봉사, 다른 사람 돕기
- 독립심
- 인생을 즐기기
- 항상 배우고 성장하려 노력하기

- 다른 사람을 이끌어 주기
- 건강한 생활 습관 가지기
- 진실하기
- 솔직하고 신뢰할 수 있는 관계 가지기
- 공정하고 공평하게 다른 사람 대하기
- 책임감 있고 성실하게 행동하기
- 모험적이고 새로운 것 시도하기
- 호기심을 갖기, 비판단적으로 생각하기
- 목표 성취하기
- ________________________
- ________________________
- ________________________
- ________________________

앞에서 작성한 가치들 중에서 자신에게 중요한 3~5개의 가치를 선택해서 순위를 매겨 보자.

1. ________________________
2. ________________________
3. ________________________
4. ________________________
5. ________________________

3) 불안

불안을 경험하는 것은 정상적이며 불안은 상황에 따라 도움이 되기도 한다. 일반적으로 불안은 부정적인 것으로 인식되지만, 실제로 불안은 힘든 상황에서 집중할 수 있게 해 주고 미래를 준비하게 해 주는 등 긍정적인 측면도 가지고 있다. 불안은 청소년들이 시험에 대비해 열심히 공부하게 하기도 하고, 중요한 경기에서 더 잘할 수 있는 원동력이 되기도 하며, 중요한 과제에 대한 그들의 주의력을 유지시켜 주기도 한다. 불안이 위험 탐지 능력과 위기 대처 능력을 높여 주어 위험한 상황에서 우리를 보호해 주는 것 또한 많이 알려진 사실이다.

100년 전, 동물 실험자 Robert Yerkes와 John Dodson은 감정과 동기 사이의 관계를 입증하면서 불안이 수행수준을 증가시킨다는 것을 확인하였다. 두 연구자들은 쥐들이 얼마나 빨리 과제를 습득하는지 실험하기 위해 잘못된 대답에 다양한 강도의 쇼크를 가했다. 실험 결과, 쇼크의 강도가 낮을수록 습득이 느렸으며, 강한 강도의 쇼크도 습득 속도를 늦췄는데 이는 높아진 각성 상태가 학습을 방해했기 때문이다. [그림 2-2]에서 나타나듯이 중간 정도의 강도에서 가장 높은 수행을 나타내었다.

심리학자들은 이러한 패턴을 '뒤집어진 U자'라고 부른다. 인간도 쥐 실험에서와 유사한 불안의 패턴을 보인다. 너무 낮거나 높은 불안은 수행을 방해하고 중간 정도 수준에서 수행이 가장 높다. 즉, 중간 정도의 적정 자극은 에너지와 집중력을 상승시키고 수행도 증가시키지만 지나치게 높은 수준의 불안은 초조하게 하며, 오히려 몰입을 방해하고 동기를 저하시킨다.

청소년들에게 가장 불안을 상승시키는 요소는 학업일 것이다. 청소년들은 '지난 시험보다 어려울까?' '내가 잘할 수 있을까?' '시간

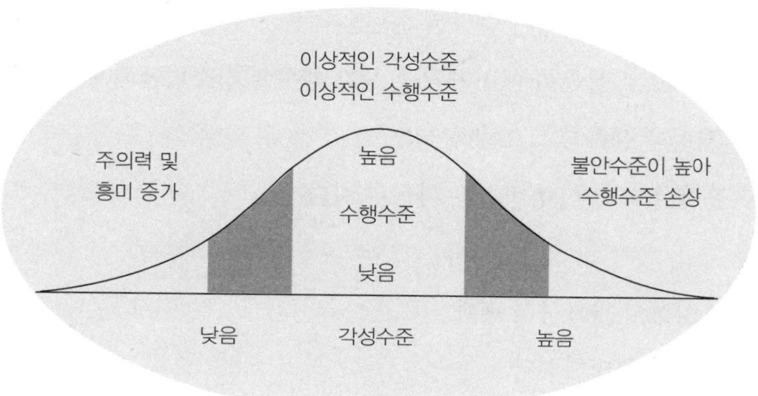

[그림 2-2] 각성수준과 수행수준의 관계

이 모자라면 어쩌지?' '이번에도 망치면 끝장인데……'와 같은 걱정과 불안을 경험하며 이런 불안이 심화될 때 오히려 수행은 저조해진다.

걱정스러운 생각에 압도당하면, 그것이 생각일 뿐이라는 것을 인지하지 못하고 사실로 착각하기 쉽다. 불안이 올라오면 불안을 없애기 위해 여러 시도를 하게 되는데 이때 오히려 더 불안해지거나 불쾌해지는 악수를 두기도 한다. 불안에 압도당하면 불안한 마음을 없애기 위해 회피 행동에 몰두할 수도 있고 생리적 반응이 오작동하여 과호흡 현상이 나타나기도 한다.

불안이 과도하게 높아지는 경우에는 우선 자신이 불안한지를 인식하는 것이 필요하다. 신체적인 반응도 확인하고, 간단한 척도를 사용하여 자신의 불안도를 확인해 보는 것도 좋다. 그리고 불안을 적정 수준으로 내리는 다양한 훈련을 하는 것이 필요한데, 단 한 번의 노력으로 불안이 내려가지는 않기 때문에 청소년들에게 계속적인 격려와 강화가 필요하다.

불안할 때의 신체 반응은 다음과 같다.

- 심장이 과도하게 뛴다.
- 몸이 뻣뻣해진다.
- 땀이 난다.
- 얼굴이 빨개진다.
- 덜덜 떨린다.
- 설사를 한다.
- 속이 메스꺼워진다.

청소년이 불안한지 확인하기 위해 다음의 척도를 사용할 수 있다.

〈표 2-7〉 **불안척도**

내용	아니다 (0)	보통이다 (1)	그렇다 (2)
1. 나는 하루 중 대부분을 걱정하면서 보낸다.			
2. 나는 내 걱정을 조절하는 것이 힘들다.			
3. 나는 진정하기 힘들다.			
4. 나는 집중하는 것이 힘들다.			
5. 짜증이 난다.			
6. 나는 밤에 잠들기 어렵고 혹은 자다가 깬다.			

7. 나는 불안하거나 걱정되는 상황을 피한다.			
8. 나는 다른 사람이 나를 어떻게 볼지 걱정된다.			
9. 나는 일을 완벽하게 하려고 한다.			
10. 내가 피하거나 무서워하는 특정 상황이나 경험이 있다.			
*0~5 : 정상적일 수 있지만, 주의 깊게 관찰할 필요가 있음 *6~10 : 경증에서 중등도 증상을 가지고 있으며, 상담이 필요한 상태 *11 이상: 심각한 상태이며, 즉시 개입이 필요			

(1) 심리 가이드 1: 인지적 개입

공포가 활성화되면 두려움을 강화하는 '생각'이 나타난다. 공포와 불안 자체가 청소년의 삶을 크게 위협하지는 않지만 그것들을 활성화시키는 부적응적 핵심 신념과 인지 왜곡이 공포와 불안을 더욱 증폭시킨다. 공포와 불안을 조절하기 위해서 청소년들은 위험과 위협의 심각성을 재평가해야 하는데 이를 위해서는 청소년의 공포를 강화하는 자동적 사고를 찾는 과정부터 시작해야 한다. 청소년이 스스로 부적응적인 자동적 사고를 찾도록 돕기 위해 소크라테스식 질문을 사용할 수 있다. 소크라테스식 질문은 상담사가 일방적으로 답을 알려 주는 것이 아니라 청소년들이 스스로 답을 찾을 수 있도록 일련의 질문들을 통해 그들을 안내해 주는 역할을 한다. 자신의 자동적 사고가 부적응적이고 비현실적이라는 것을 깨닫게 되면 청소년들은 자동적 사고를 대체할 수 있는 적응적인 대안적 사고를 탐색할 수 있다. 그러나 자동적 사고가 사실일 경우도 있으며 그럴 때에는 대안적 사고를 찾는 대신, 자동적 사고에 적절히 대처할 수 있는 방법을 찾아야 한다. 이러한 과정을 통해 공포와 불안 수준이 낮아지면 청소년들은 스스로 그러한 부정적 감정들을 다룰 수 있다.

그러나 모든 공포와 불안이 역기능만을 가지고 있는 것은 아니다. 그것의 순기능을 이해하면 오히려 공포와 불안을 통해 동기화될 수 있고 안전해질 수 있으며 더 나은 성취를 얻을 수도 있다. 공포와 불안은 생존과 관련이 있다. 두려움을 느끼면 자신을 보호하기 위해 교감신경이 활성화되어 투쟁–도피 반응을 일으킨다는 사실은 이미 책의 서두에서도 언급한 바 있다. 공포와 불안을 통해 시험을 대비하여 공부에 더 몰입할 수 있고, 중요한 일을 앞두고 준비를 더 철저히 할 수 있게 되는 등 자신의 능력을 더 발휘할 수 있는 원동력을 얻는다.

(2) 심리 가이드 2: 노출 치료

공포와 불안이 생각만큼 위협적이지 않다는 것을 알기 위해서는 안전행동을 줄이고 유발 요인을 마주해야 한다. 인지행동치료에서는 두려움을 직면하는 시도를 '노출 치료'라고 한다. 청소년은 노출을 통해 위험이 과장된 것이라는 사실을 신체적 · 생리적 · 인지적으로 알 수 있으며, 압도당하지 않고 두려움을 마주할 수 있다는 자신감을 가질 수 있다. 또한 두려움이 위험하지 않다는 인식을 강화할 기회도 갖게 된다.

수많은 연구들을 통해 과장된 불안을 다룰 수 있는 가장 효과적인 치료법이 '노출'이라는 것이 밝혀졌다. 불안한 상황에 노출되는 것을 피하기 위해 행하는 행동을 안전행동이라고 하는데, 손을 떨까 봐 손을 주머니에 넣거나, 다른 사람을 불쾌하게 할까 봐 지나치게 조심하는 것, 불안해서 꼭 가족하고만 여행하는 것과 같은 안전행동을 멈추고 두려움을 마주하여야 한다. 안전행동은 두 가지 문제점이 있다. 안전행동을 하지 않으면 아주 심각한 결과가 나타날 것이라는 생각을 강화하여 청소년들의 예상이 과도하거나 잘못되었음을 학습할 기회를 박탈하고 안전행동과 두려움을 영구화시킬 수 있다. 또 안전행동은 청소년의 수행 능력을 실제로 손상시킬 수도 있다.

효과적인 노출 치료에는 네 가지 요소가 필요하다. 첫째, 노출 치료를 위해 의도적으로 두려움에 접근해야 한다. 둘째, 쉬운 것부터 시작하여 점점 도전적인 단계로 진행해야 한다. 셋째, 도망가는 대신 두려움과 함께 머물면서 버틸 수 있어야 하며, 마지막으로 이 과정을 반복적으로 실시하여 두려움을 약화시켜야 한다.

노출 치료를 위해서 두려움을 마주할 방법을 목록화하여야 한다. 이때 두려움을 일으키는 다양한 자극을 창의적으로 생각해 내는 것이 좋다. 각각의 자극이 얼마나 어렵거나 두려운지 평정한 후 내림차순으로 목록을 정리한다. 그리고 가장 쉬운 것부터 시행할 계획을 세운다. 특정한 시간을 정하여 실시하는 것이 중요하며 안전행동을 하지 않도록 주의해야 한다. 만약 강박장애의 치료를 위해 노출 기법을 사용한다면 반드시 강박행동을 목록에 포함시켜야 한다. 위계 목록대로 노출을 계속하되 각 단계가 편안하게 느껴질 때까지 반복하여야 한다. 가장 어려운 단계에 다다를 때까지 치료를 지속하도록 한다.

(3) 심리 가이드 3: 불안 던져 버리기

불안을 일으키는 생각은 침습적인 형태로 다가오는 경우가 많

〈불안 던져 버리기〉

날짜	년 월 일 요일				
불안을 일으키는 생각/상황/느낌					
나의 감정					
불안의 정도	매우 심함	심함	조금 심함	참을 만함	보통

"널 불안하게 만드는 생각이 있지? 그 생각은 네가 아무리 떠올리지 않으려고 해도 계속 머릿속을 맴돌기도 하고, 일부러 다른 생각을 하려고 해도 계속 떠올라서 널 더 불안하게 만들 수도 있어. 없애 버리고 싶거나 지워 버리고 싶은 생각들처럼 너를 불안하게 만드는 생각들을 이 활동지에 적어 봐. 그리고 그 생각이 떠오를 때의 느낌을 적어도 돼. 그 생각이 너를 얼마나 불안하게 하는지도 표시해 봐. 이제 적은 활동지를 구겨서 쓰레기통에 던져 넣어. 원한다면 그냥 찢어 버릴 수도 있어. 그 생각이 네 머릿속에서 빠져나와 쓰레기통으로 들어가는 상상을 해 봐."

다. 불안으로 어려움을 호소하는 청소년들은 벗어나고 싶지만 벗어날 수 없고 자꾸만 다가오는 불안한 생각들을 찢어 없애 버리고 싶다고 표현하기도 한다. '불안 던져 버리기' 활동은 불안을 일으키는 생각을 실제로 찢어 버리거나 던져 버리는 신체 활동으로 전환하는 방법 중 하나이다.

청소년에게 불안을 가져오는 생각, 상황, 느낌을 적어 보게 하고 그로 인한 불안의 정도를 표시해 보게 한다. 완성된 활동지를 구겨 휴지통에 던져 버리거나 찢어 버리면서 불안을 떠나보내게 할 수 있다.

(4) 심리 가이드 4: 불안 대처 카드 활용하기

청소년에게 불안이 올라갈 때, 다양한 대처 카드를 사용하여 불안을 낮추는 연습을 해 보도록 안내한다. 여러 개의 카드 중에 하나씩 선택하여 고르면서 자신에게 잘 맞는 방법을 찾고 함께 연습해 보며 기분이 어떠한지 나눔으로써 불안을 완화하는 연습을 한다.

대처 카드 예시는 [그림 2-3]과 같다. 이 외에도 불안을 줄일 수 있는 다양한 활동을 카드로 만들어 사용할 수 있다.

원숭이처럼 몸을 흔들어라.

재미있게 몸의 에너지나 긴장을 풀어내라.
두 팔을 위로 올리고, 손을 펼치고 흔들면서 10까지 세어라.
그런 다음 팔을 아래로 떨어뜨리고 원숭이처럼 팔을 좌우로 흔들어라.

스트레스를 받을 때, 자신이 좋아하는 질감의 물건을 만지고 이 질감에 집중하면서 감각을 이완시켜 보아라.
쌀이 담긴 큰 그릇에 손을 대고 만지다가 부드러운 천을 만져 보아라.

슈퍼히어로

두려움은 우리를 약하게 만든다.

나 자신이 강하다고 생각할 때 힘을 얻을 수 있다.

자신이 좋아하는 슈퍼히어로를 떠올리며 자신이 그 슈퍼히어로라고 상상해 보아라.

정말 많은 사람들이 너를 응원하고 있다.
힘들 때 너를 응원하는 가족과 친구가 있다는 것은 정말 중요한 일이다.
너를 사랑하고 응원하는 사람을 써 보거나 그려 보아라.
그리고 그것을 너의 책상에 걸어 두어라.

[그림 2-3] 불안 대처 카드의 예시

(5) 심리 가이드 5: 걱정은 코알라에게 맡겨

청소년에게 불안수준이 올라갈 때 편안하게 걱정을 나누고 위로를 받을 수 있는 대상으로 실제 사람이 아니라 '걱정 코알라'라는 인형을 소개한다. 중앙아메리카 과테말라에서 오래전부터 전해져

온 걱정 인형을 '걱정 코알라'로 바꾸어 자신의 고민을 털어놓게 하는 활동이다. '걱정일랑 내게 맡겨. 그리고 너는 편안하게 쉬어.'라는 메시지를 통해 청소년들이 듣기만 해도 위로받을 수 있도록 도와줄 수 있다.

4) 분노조절

원하는 바가 있지만 자신의 기대와 욕구가 다른 사람이나 상황으로 인해 충족되지 못할 때 우리는 분노를 느낄 수 있다. 일이 뜻대로 되지 않았을 때 떠오르는 생각이 청소년이 느끼는 분노의 정도를 결정한다. 분노의 구성요소를 알면 분노를 더 잘 이해할 수 있고 개입할 방법도 찾을 수 있다.

분노 모델에 따르면, 촉발 사건이 자신의 기대를 침해하고, 핵심신념에 따라 결과적 생각이 떠오르며, 이것이 신체적 반응과 감정적 반응을 일으킨다. 이러한 생각, 느낌, 신체 감각이 결합하여 주관적 분노 경험을 구성한다.

다시 말해, 분노 경험이 분노 표현에 영향을 준다. 그러나 분노에 대해 어떻게 행동할지 선택할 수 있는 것도 바로 자신이다. 분노는 강한 에너지의 상태이고 이 에너지는 자신이 옳다고 생각하는 것을 위해 일어날 수 있는 동기나 원동력이 될 수 있다. 즉, 분노는 매우 동기적일 수 있다. 분노는 또한 다른 사람이 나의 영역을 침범했다는 신호를 타인에게 명확히 보여 줄 수 있으며 이러한 이유로 분노를 적절히 표현하는 것이 지나치게 참는 것보다 더 생산적일 수 있다.

여러 가지 심리적 상태가 분노 문제를 일으킬 수 있다. 우울의 주요 증상에는 우울감과 무기력감뿐 아니라 과민함과 짜증도 있다. 외상 후 스트레스 장애(Post Traumatic Stress Disorder: PTSD)의 과각성 증상으로 과민함 혹은 공격성이 나타날 수도 있다. 강박장애를 가진 사람도 다른 사람이 자신의 강박 사고를 촉발시키거나 강박 행동을 방해할 때 분노하기 쉽다. 이처럼 다양한 심리적 상태가 과도한 분노를 유발할 수 있으므로 분노의 기저에 있는 심리적 상태를 파악하는 것이 중요하다. 심리적 상태가 개선되면 분노와 과민함도 줄어든다.

일부 청소년은 화를 내면 안 된다고 배웠기 때문에 분노를 느낄 때 종종 혼란스러워한다. 하지만 그것은 잘못된 생각이다. 분노를 느끼는 것이 잘못된 것이 아니라 분노를 부적절한 방법으로 표현하는 것이 잘못된 것이다. 화가 나는 것은 자연스러운 감정이다. 화가 났다고 다른 사람을 때리거나 물건을 던지는 것이 잘못된 것이다.

사회적으로 받아들여질 수 있는 건강한 방법으로 분노를 표현하는 것이 중요하다. 다음의 방법들을 활용하여 청소년들이 자신의 분노를 적절한 방법으로 조절하고 표현할 수 있도록 도와줄 수 있다.

우선, 청소년이 분노조절에 어려움이 있는지 확인하기 위해 다음 척도를 사용할 수 있다.

〈표 2-8〉 **분노조절 어려움 척도**

내용	아니다 (0)	그렇다 (1)
1. 내가 한 일이 인정받지 못하면 화가 난다.		
2. 중요한 일을 앞두고 화가 나 망친 적이 있다.		
3. 일이 잘 풀리지 않으면 쉽게 좌절감을 느낀다.		
4. 성격이 급한 편이고, 금방 흥분하는 편이다.		
5. 내가 잘못해도 남 탓을 하고 화를 낸다.		
6. 분노가 일어나면 주체를 할 수가 없다.		
7. 화가 나면 주변의 물건을 집어 던진다.		
8. 타인이 나를 무시하는 것만 같다.		
9. 화가 나면 거친 말을 내뱉고 폭력을 휘두른다.		
*0~3: 분노조절이 가능한 정상 단계 *4~6: 분노조절 능력이 조금 부족한 단계 *7~9 이상: 분노를 쉽게 조절하지 못하는 단계 *9번 문항은 단 하나만 해당돼도 심각한 상태		

출처: KBS 2TV 〈비타민〉.

(1) 심리 가이드 1: 분노 퀴즈

청소년들이 분노에 대해 정확하게 이해하는지 또는 오해하고 있는 부분은 없는지 알아보기 위해 분노에 대한 참/거짓 퀴즈를 제시해 볼 수 있다. 함께 퀴즈를 풀어 가면서 분노에 대해 정확히 이해할 수 있도록 안내할 수 있다.

〈표 2-9〉 **분노 퀴즈**

내용	참	거짓
1. 대부분의 사람들은 살면서 분노를 느낀다. (참)	○	
2. 분노 폭발을 조절하는 기술을 배울 수 있다. (참)	○	
3. 선생님들은 절대 분노를 느끼지 않는다. (거짓)		○
4. 화난 사람은 항상 소리를 지른다. (거짓)		○
5. 화를 낸 것에 대해 사과할 수 있다. (참)	○	
6. 사람들은 통제 불가라고 느낄 때 소리를 지르기도 한다. (참)	○	
7. 내가 나의 분노 촉발 요인을 안다면 분노 폭발을 막을 수 있다. (참)	○	
8. 시끄러운 사람만 화를 낸다. (거짓)		○
9. 화를 내는 것은 잘못되었다. (거짓)		○
10. 분노는 정상적이고 자연스러운 감정이다. (참)	○	

(2) 심리 가이드 2: 인지적 개입

과도한 분노 표출을 막기 위해서는 분노의 인지적 요소를 청소년에게 교육하는 것이 필요하다. 분노의 인지적 요소에는 촉발 요인, 분노의 대가, 분노 관련 생각의 식별과 평가, 당위적 기준에 대한 의문 제기, 반추가 있다.

대부분의 사람들에게는 인내심을 지속적으로 시험하는 상황이나 대상이 있다. 예를 들면, 청소년에게는 친하다고 생각했던 친구가 나를 소외시키는 상황, 가족과 의견이 불일치할 때에 분노를 느낄 수 있다. 분노 대처전략을 세우기 위해서는 자신을 화나게 하는 요인을 미리 알고 있어야 한다. 청소년과 함께 촉발 요인을 찾아보아야 한다. 그리고 과도한 분노의 대가를 기억해야 한다. 분노조절에 어려움이 있는 청소년들은 화가 나면 그 결과를 무시하는 경향이 있다. 분노의 대가가 무엇인지, 그것이 마음의 평화에 어떤 영향을 주는지, 분노와 그 행동의 대가가 가까운 관계에 어떠한 영향을 주는지에 대해서도 함께 살펴봐야 한다. 분노와 관련된 생각을 식별하고 평가하는 과정도 필요한데, 분노에 기름을 붓는 생각을 찾고, 더 합당한 대안적 신념이나 설명이 있는지 찾아보아야 한다. 분노의 순간에는 분노가 이성을 좌지우지하기 때문에 생각을 바꾸는 것은 현실적으로 어렵다. 그럴 때는 단순히 머릿속에 떠오르는 생각을 메모하였다가 차분해졌을 때 그것을 평가하는 것이 중요하다.

분노를 다루기 위해 미리 계획 세우기

분노는 그냥 일어나지 않는다. 분노가 일어나기 전에 반드시 특정한 선행사건이 있다. 하지만 분노로 이끈 사건의 연결고리를 뒤늦게 깨닫곤 한다. 이러한 상황은 마른 장작에 불꽃을 갖다 대는 것과 유사하다. 연습을 통해 핸들을 놓치기 전에 경고 신호를 볼 수 있다. 다음에 무엇이 일어날지 알고 있으면 자신에게 맞는 전략을 사용할 수 있다. 도움이 되는 마인드세트 적용하기, 심호흡을 통해 정서적 각성 낮추기, 압박감을 낮추기 위해 충분한 시간 갖기 등이 해당한다. 분노를 항상 피할 수는 없지만 미리 계획하여 분노 폭발 등을 예방할 수는 있다.

다음으로, 분노를 유발하는 요인은 당위적(should) 기준이다. 분노를 유발하는 생각에는 'should'가 자주 나타나는데, 무엇인가가 어떻게 되어야 하는 기준과 원칙을 가지고 있는 청소년은 분노가 자주 유발된다. 그들의 엄격한 기준에 의문을 갖고 그 기준을 느슨히 한다면 분노는 줄어들 수 있다. 이러한 어려움을 가진 청소년에게는 자신에게 부드럽고 지지적으로 말하는 연습을 시키는 것이 도움이 된다.

반추는 실제적 자극 없이도 자신을 속상하게 하는 것에 대해 반복적으로 생각하는 것으로 이것만으로도 스스로 분노에 기름을 부을 수 있다. 이러한 반추를 바로잡기 위해서는 생각을 멈추고 전환시키는 것이 도움이 된다. 청소년에게 반추하는 생각을 멈추게 하고(예를 들면, "stop!"이라고 외친다), 다른 활동이나 다른 생각으로 전환시키는 훈련을 시키는 것이 도움이 된다. 분노는 생각의 초점을 좁히고 더 큰 목표를 잊어버리게 한다. 예를 들어, 친구들에게 실망하면 그들과 좋은 관계를 맺기 위해 노력하고 있다는 사실을 잊을 수 있다. 따라서 청소년들에게 화가 나도 자신에게 중요한 것이 무엇인지 기억해야 함을 강조해야 한다. 그러면 청소년들은 분노를 다룰 수 있는 마음의 여유를 발견할 수 있게 된다.

당위적 생각 버리기

"OO가 꼭 나랑 학원에 가야 친구인 건 아니야."

"반에서 꼭 5등 안에 들어야 착한 아들인 건 아니야."

"학원 버스가 항상 제시간에 도착할 수는 없어."
"친구라도 비밀이 없는 건 아니야."

(3) 심리 가이드 3: 행동적 개입

청소년들의 정신건강을 위해 잠을 충분히 자는 것이 중요하다. 잠이 부족하면 좌절에 대한 인내력도 약해져서 작은 일에도 화가 날 수 있다. 충분한 수면을 취하지 않은 상태가 지속되면 억제 능력이 떨어지고 공격성과 범죄의 가능성이 높아진다. 청소년의 신체적 상태는 과민함과 분노에 큰 영향을 미친다. 배가 고플 때, 아플 때 등 신체가 불편한 상태에서는 분노를 통제하기 더 힘들다. 청소년의 신체적 불편감의 상태에 주목하고 이를 적절히 다루어야 한다. 시간 압박을 느낄 때에도 청소년은 스트레스를 받고 인내심을 잃는다. 불필요한 스트레스와 분노를 예방하기 위해 청소년이 충분한 여유를 갖도록 교육해야 한다.

청소년은 화가 나게 되면 지금 당장 문제를 해결하고 싶어 한다. 하지만 대부분의 의견 충돌은 즉시 해결하지 않아도 된다. 충돌이 점차 심해지거나 뚜껑이 열릴 것 같을 때에는 잠시 멈추고 자신을 진정시킬 수 있는 계획을 세워 보는 것이 필요하다. 분노에 차서 문제를 해결했을 때보다는 차분한 상태에서 문제를 해결하는 것이 후회가 덜 남는다는 것을 알려 주어야 한다.

다른 사람이 자신의 욕구를 방해할 때 청소년은 수동적으로 행동하거나 공격적으로 반응하게 된다. 분노를 억누르면 좌절감과 억울함이 들어 나중에 한번에 터져 나올 수 있기 때문에, 분노가 치밀어 오를 때는 자신의 욕구가 침해받았다는 것을 상대방에게 알릴 수 있도록 해야 한다. 이를 통해 청소년 자신이 가진 불편감에 대해 더 효율적으로 대처할 수 있게 된다.

(4) 심리 가이드 4: 분노조절을 위한 대처 및 마음챙김 카드 활용하기

청소년들은 화가 나면 이후 결과를 예상하지 못한 채 충동적인 행동을 하기도 한다. 마음을 진정시키고 생각을 차분하게 할 수 있도록 도와주는 대처 또는 마음챙김 카드를 활용해서 대처능력을 향상시킬 수 있다. 대처 및 마음챙김 카드 예시는 다음과 같다. 이 외에도 분노를 줄일 수 있는 다양한 활동을 카드로 만들어 사용할 수 있다.

신중하게 메시지 보내기

화가 났다면,
이메일, 카톡, 문자메시지 등을 보내기 전에 충분히 생각하세요.
보내기를 누르기 전에 잠시 멈추세요.
그것을 읽고 스스로에게 물어보세요. "정말 이 말을 하고 싶나요? 후회하지 않을까요?"
이렇게 함으로써 불필요한 충돌을 막을 수 있습니다.

당신이 생각하는 모든 것이 사실은 아닙니다. 당신이 생각하는 모든 것을 믿지 마세요.

당신이 뭔가를 생각하기 때문에 그것이 사실이라거나 진짜라는 것을 의미하지는 않습니다.

당신은 어떤 생각을 하고 있나요?

그것은 진짜? 가짜?

마음챙김 수용

당신이 누구인지 받아들이면 더 많은 만족감을 느낄 수 있습니다.

당신이 단점이라고 생각하는 독특한 특성을 받아들여 보세요.

풍선 호흡

화가 나면 호흡이 빨라집니다.

우리 자신을 진정시키기 위해, 호흡이 느려지는 풍선 호흡을 해 볼 수 있습니다.

당신의 배가 풍선이라고 상상해 보세요. 숨을 들이쉬고 내쉴 때 공기로 가득 찬 풍선이라고 상상해 보세요.

[그림 2-4] 마음챙김 카드의 예시

2. 마음챙김 기술의 기초

이 책에서 제시하고 있는 마음챙김 기술훈련은 인지치료와 마음챙김 명상을 접목한 마음챙김 기반 인지치료의 많은 내용을 참조하고 있다. 따라서 우선 마음챙김 명상 기반 심리치료의 발전 배경을 아는 것이 필요하다.

1) 마음챙김 명상 기반 심리치료의 배경

마음챙김(mindfulness)이란 지금 여기에 비판단적인 주의를 기울이는 것을 의미하는 말이다. 마음챙김은 마음챙김 명상 훈련에서 나온 표현으로 이 명상을 서양의 심리치료에 접목하게 된 것은 비교적 최근에 들어와서이다. 특히 메사추세츠 의과대학의 Kabat-Zinn(1990)은 만성 통증 환자를 치료하기 위해 마음챙김 기반 스트레스 감소 프로그램(Mindfulness-Based Stress Reduction: 이하 MBSR)을 도입하였고 이를 보고 Segal 등(2002)과 같은 인지행동치료자들이 가장 활발하게 적용하기 시작하였다. 기존의 전통적인 인지치료는 우울, 불안, 강박증 등 심리장애에 효과적이라는 것이 입증되었지만 재발이 잦은 특성으로 인해 한계가 분명하였다. 또한 정신병리가 역기능적 · 비합리적인 사고에서 비롯되며 이러한 부적응적인 인지 내용을 변화시키는 기존의 전통적 인지행동치료에 한계를 느낀 인지치료자들은 사고과정을 지켜보고 사적 경험의 수용과 변화를 절묘하게 강조하는 마음챙김 명상에 주목하였다. 특히 마음챙김 명상의 상위 인지(meta-cognition) 및 주의 과정이 효용성이 있다고 판단하고 이를 접목하게 된 것이다.

MBSR을 기초로 우울 증상 재발 방지를 위해 만들어진 마음챙김 기반 인지치료(Mindfulness-Based Cognitive Therapy: 이하 MBCT) 프로그램이 개발되었고 마음챙김 명상과 행동치료 원리를 통합하는 또 다른 프로그램인 Linehan(1993)의 변증법적 행동치료(Dialectical behavior therapy: 이하 DBT)도 경계선 성격장애 환자들에게 적용되었다. 이후 DBT는 청소년의 자살 및 자해 행동에도 적용되어 효과적이라는 연구들이 있었고 국내에서도 번안되어 적용되고 있다. 또한 심리장애의 공통 원인으로 간주되고 있는 경험 회피를 차단하고 경험 수용을 연습시키는 Hayes(1994)의 수용-전념치료(Acceptance and commitment therapy: 이하 ACT)도 마음챙김 명상 원리와 심리치료를 통합하는 대표적인 프로그램이라고 할 수 있다. 마음챙김에 기반을 두거나 마음챙김 지식을 이용한 이들 치료법들의 공통적 특징은 마음챙김, 수용, 인지적 탈융합(cognitive defusion), 수용과 변화의 변증법, 영성, 가치, 관계 등과 같은 문제

〈표 2-10〉 **인지치료와 마음챙김 명상 기반 인지치료의 차이점**

영역	인지치료	마음챙김 명상 기반 인지치료
목표	목표 지향적 접근 방식	목표 지향적 접근 방식을 가지고 있지만 예기치 않은 결과에 대한 개방성을 촉진
상황에 대한 인식	왜곡된 사고로 인한 부적응 행동을 유지하는 대신, 대체 행동을 실험하도록 장려	매 순간 펼쳐지는 상황, 사물에 대해 개방적인 태도를 갖게 하고 변화와 치유를 도모
부정적인 사고 패턴	부정적이고 도움이 되지 않는 사고 패턴이 발생할 때 이를 식별하여 이를 수정하고 자동 반응과 감정을 극복하는 방법을 보여 준다.	마음의 습관적 경향을 인식하여 명확하게 바라보고 더 유용하고 도움이 되는 생각으로 방향을 바꾸도록 안내함. 생각, 감정, 신체 감각을 인식하게 함.
자동적 사고	자동적 사고와 왜곡된 사고의 패턴을 식별하고 분석하도록 장려	부정적인 감정에 선행하는 자동적 사고에 호기심을 갖고 알아차리게 하여 이런 생각이 올라오고 사라지는 것을 관찰하게 함.
행동 선택	부적응 행동 패턴을 알아차리고 변화시킴.	호기심, 친절함을 갖고 부적응적 사고와 행동에 주의를 기울이게 함. 특정 순간의 상황을 받아들이고 적극적으로 행동하고 더 능숙하게 행동을 선택하게 함.

들을 강조하고 있고 인지치료의 제3의 동향이라 불리는 치료법들이라는 것이다. 이들 치료법들은 인지치료에서처럼 감정이나 인지를 직접적으로 변화시키기보다는 경험을 수용한다는 점에서 수용을 기반으로 한 치료(acceptance-based treatment)라고 불린다.

마음챙김 명상 기반 인지치료가 인지치료와 가장 큰 차이점은 사고 내용에 대한 관점이다. 인지치료에서는 사고 내용을 구체적으로 바꾸는 것을 치료 목표로 하지만, 마음챙김 명상 기반 인지치료는 사고 내용을 억지로 바꾸기보다는 상황을 먼저 수용하고 그 다음에 변화를 꾀할 수 있는 마음 자세를 유도한다. 전통적인 인지치료와 마음챙김 명상 기반 인지치료의 차이점은 〈표 2-10〉에서 제시하였다.

2) 마음챙김 명상 기반 인지치료의 핵심 개념

(1) 자동조종 장치

과자 봉지를 뜯어서 하나 맛보았을 뿐인데 어느 순간 봉지가 비어 있음을 알아차렸던 경험이 있을 것이다. 많은 사람이 실제로 무슨 일이 일어나고 있는지 잘 알아차리지 못한 채 기계적으로 어떤 행동을 하곤 하는데, 이러한 상태를 MBCT에서는 '자동조종(automatic pilot)'이라는 용어로 표현한다. 자동조종 상태에서 개인은 자신도 모르는 사이에 주의를 다른 무언가에 빼앗긴 것처럼 보일 정도로 무심코 일을 처리한다. 이 상태에서는 부정적인 생각의 단편들을 알아차리기 쉽지 않다. 그러다가 어느 순간 강렬한 감정에 사로잡히게 되면 원치 않은 사고나 감정이 표면으로 떠오를 수 있다. 이쯤 되면 감정이 너무 강해서 쉽게 다룰 수 없을 때가 있다. 청소년들에게 이렇게 자동조종 장치에 사로잡혀 자신도 모르는 사이에 우울해지거나 분노하거나 충동적인 행동을 하게 되는 것을 설명할 수 있다. 비행기 조종사를 예를 들어 설명하는 것이 좋다. 이때 자동조종 장치에서 벗어나려면 알아차리는 것이 중요한 과제라는 것을 언급할 필요가 있다.

생각을 말로 표현하거나 의식화하는 것이 쉽지 않을 때가 많다. 특히 감정과 생각의 변별이 어려운 청소년들의 경우 자동조종 상태에서 하는 말과 행동을 자신도 잘 모를 때가 많다. 마음을 챙겨 알아차리는 것과 자동조종 간의 대비를 잘 설명하는 것이 좋다. 즉, 자세하게 주의를 기울이는 것이 우리가 알아차리지 못했거나 잊어버렸던 것을 어떻게 잘 드러내는지 알아보자는 식으로 주의를 기울이게 해서 경험을 변화시킬 수 있다는 것을 이해시켜야 한다. 마음이 방황하는 것은 정상적이라는 것을 설명하면서 자동조종 상태에서 벗어나게 하는 가장 손쉬운 방법이 호흡이라는 것을 강조한다.

(2) 호흡 기법

호흡 기법(breathing technique)은 마음챙김을 키워 주는 활동이다. 호흡명상, 마음챙김 명상이라고도 하지만 청소년들에게는 호흡 훈련, 마음챙김 기술이라는 표현을 사용하는 것이 거부감을 줄일 수 있다. 호흡은 태어나서부터 죽을 때까지 우리와 함께하기 때문에 평상시에는 주의를 기울이지 않지만 의식적으로 그것에 주의를 기울일 필요가 있다. 겉보기에는 단순한 이 호흡 활동을 통해 청소년들은 완전한 마음챙김 자각을 하는 것이 얼마나 어려운지 이해할 수 있다. 호흡 연습을 함으로써 청소년들이 자신의 경험과 관련된 새로운 방법에 노출되고 평상시의 자동조종 방식으로 생각하고 느끼고 행동하는 습관을 바꿀 기회를 제공한다. 호흡을 통해 마음을 알아차리는 활동은 마치 원숭이처럼 날뛰는 마음이 자기만의 독특한 마음을 가지고 있다고 느끼게 만든다. 숨을 잘 지켜보는 것만으로도 마음의 방황을 알아차리고 원숭이나 반려동물을 부드럽게 훈련시키는 것과 같은 효과가 있다. 호흡 마음챙김을 하는 것은 스포츠를 배우거나 악기를 배우는 것과 같이 인내심과 반복적인 연습으로 다질 수 있는 핵심 기술이다.

처음에 청소년들에게 호흡 감각을 알아차리는 연습을 시키면 인위적으로 호흡을 깊고 느리게 하려고 하다 보니 불편하게 느낄 수 있다. 이때 어떤 식으로든 호흡을 조절하려고 할 필요는 없다는 것을 강조하는 것이 좋다. '호흡이 스스로 호흡하도록 하라.' 호흡은 길거나 짧을 수 있고, 거칠거나 부드럽거나, 시끄럽거나 조용하거나, 시원하거나 따뜻할 수도 있다. 자세히 그리고 부드럽게 호흡과 그때 느껴지는 감각을 연습하게 되면 평상시 의식하지 못한 상태에서 우리가 얼마나 가쁘면서 얕은 호흡을 했는지 알 수 있다.

(3) 몸을 통한 알아차림

마음챙김은 흔히 몸챙김(bodyfulness)이라고 불리기도 한다. 다른 심리치료 기법에 비해 마음챙김 명상 기반 인지치료에서는 몸의 감각을 알아차리는 것을 중요한 요소로 보고 있다. 몸챙김을 통해 청소년들은 부정적인 사고와 감정이 몸이라는 신체 채널을 통해 표현된다는 것을 분명하게 알아차릴 수 있다. 신체 감각은 자각하거나 관찰할 대상이지 밀쳐 내야 할 대상은 아니다. 부정적인 사고와 감정이 우리의 몸에 어떤 영향을 미치는지 더 잘 알아차리게 되면 그 상황을 보는 관점이나 시각이 상당히 달라진다. 따라서 마음챙김 호흡훈련은 단순히 호흡을 지켜보는 것이 아니라 몸을 통하여 심리적 어려움을 다루는 것이 중심 메시지라고 볼 수 있다. 이 접근법은 경험을 한발짝 물러서서 들여다보고, 주의를 집중하게 해 준다. 또한 이 방법은 경험을 바라보는 일이 너무 압도적일 때, 즉 감정에 압도당해 마음을 바라보기 힘들 때, 호흡 감각에 집중하거나 중립적으로 몸에 초점을 두게 하여 이 폭풍우와도 같은 감정의 격변 상태에서 스스로를 고요하게 안정시킬 수 있다는 것을 알게 해 준다.

(4) 자기 자비 배양

청소년 시기는 인지 수준이 발달하면서 다른 사람의 관점에서 조망하는 능력이 생긴다는 긍정적인 측면도 있지만 타인의 눈을 통해 자신을 바라보다 보니 자의식 과잉 상태가 되어 열등감이 생기는 경우가 많다. 친구들에 비해 공부를 못해서, 다른 친구들보다 친구가 적어서, 친구들보다 못생겨서 등 친구들과의 비교에서 오는 자존감 저하는 평생 지속되는 부정적인 자기개념으로 굳혀지기도 한다. 자의식 과잉으로 인해 열등감이 심해지면 가혹한 자기 비판, 우울감, 피해의식으로 나타날 수 있다. 자기 비판의 해독제가 되는 것이 자기 자비(self-compassion)이다. 자기 자비는 마음챙김과 비슷한 개념이지만 약간 다른 개념이다. Neff(2003)에 따르면 자기 자비는 보편적 인간성, 자기 친절, 마음챙김으로 구성되어 있다. 마음챙김을 하다 보면 자기 자비가 배양될 수 있다. 마음챙김 호흡과 별도로 자기 자비 명상이 긍정정서를 배양해서 자기 비난, 우울감에서 벗어나게 해 줄 수 있다.

내가 행복하기를
내가 평안하기를
내가 안전하기를
내가 건강하기를

이런 자기 자비 문구들이 자신에게 친절하고 타인에게 친절할 수 있는 토양을 길러 줄 수 있다.

3) 마음챙김 명상 기반 인지치료의 아동 · 청소년 적용

(1) MBCT-C, MBCT-Dual

인지 마음챙김 명상은 최근 들어 인지치료와 접목하여 아동을 위한 마음챙김 기반 인지치료(MBCT-C)로 개발되어서 불안한 아동들에게 적용되고 있다. 청소년을 위한 마음챙김 기반 인지치료 중에는 MBCT-Dual이 약물중독과 트라우마를 경험한 청소년에게 적용하게 되어 있다. 어떤 심리장애를 목표로 하건 청소년용 MBCT는 기존의 성인용 MBCT와 아동용 MBCT-C를 참조하여 문제 행동에 맞게 적용할 수 있다.

이 책에서 제시하는 내용은 성인용 MBCT, MBCT-C, MBCT-Dual 등의 주요 치료 프로그램을 이론적 근간으로 하였고 저자의 경험에서 나온 마음챙김 실습을 청소년에게 맞게 변형하여 추가하였다. 성인들에게 적용되던 마음챙김 명상이 요즘 들어 아동과 청소년들에게 적용되고 있지만 국내에서는 흔치 않다.

(2) 상태 혹은 특성으로서의 마음챙김

마음챙김은 적어도 세 가지 방식, 즉 상태(state), 특성(trait), 실습(practice)의 관점에서 이해할 수 있다. 마음챙김은 의도를 가지고 지금 현재에 집중하는 것을 의미하는 정신훈련(mental training)이라고 볼 수 있지만 마음챙김 연습을 하지 않아도 타고난 정신적 속성으로 마음챙김 능력을 갖춘 사람들도 있다. 그러나 어떤 사람들은 마음챙김 훈련을 통해서 마음챙김 능력을 배양해야 할 수도 있다. 예를 들어, 청소년들 중에서도 좀처럼 스트레스에 마음이 흔들리지 않는 아이들은 타고난, 즉 습관적인 마음챙김 능력(특성)을 갖추고 있고 심리적 안정성을 쉽게 회복한다. 반면, 어떤 아이들은 스트레스로부터 잘 회복되지 못하고 정서조절에 어려움을 보이며 인지 · 정서면에서 혼란스러워하고 경직된 태도나 방식을 고집한다. 이 책에서 설명하고 있는 마음챙김 훈련은 일종의 기술훈련(skill training)이다. 타고난 마음챙김 경향성이 없어도 반복적인 연습을 통해 마음챙김 기술을 습득하는 것이 가능하다는 전제하에 기술훈련을 실시할 수 있다.

다른 심리 프로그램에 비해 호흡에 초점을 두는 마음챙김 기술훈련은 감정적인 롤러코스터를 타는 아이들에게 인지기술을 가르치는 것보다 훨씬 효과적이라는 것이 저자들의 경험적 판단이다. 즉, 모든 아이들이 마음챙김 훈련이 필요하지 않을 수 있으나 어떤 아이들은 이 훈련을 통해 정서적 안정성을 쉽게 회복할 수 있다. 그러나 아무리 훌륭한 프로그램이라도 누가 시키는가에 따라 효과가 달라질 수 있다. 호흡 명상, 마음챙김 걷기, 마음챙김 움직임 등을 질풍노도의 시기인 청소년들에게 효과적으로 적용하려면 마음챙김의 특성을 잘 숙지할 필요가 있다. 상담사나 교사는 마음챙김 훈련을 시키면 상태 마음챙김 능력이 배양되고 궁극적으로는 특정 수준의 마음챙김 능력이 향상될 수 있다는 확신을 가지고 실행할 필요가 있다. 건강한 마음챙김 습관을 가지려면 이를 실행하는 상담사 역시 마음챙김 기술을 습관화하여야 한다.

(3) 마음챙김 기반 프로그램 적용 시 주의할 점

전문 상담사/교사들이 마음챙김 명상을 기존의 인지치료와 접목하여 청소년들에게 적용할 때 주의할 점은 다음과 같다.

첫째, 마음챙김 명상 자체는 선불교 전통에서 나온 것으로 영적인 각성과 깨어 있음을 강조하지만 청소년에게 적용할 때는 영적인 측면을 강조하는 것은 불필요하다. 발달심리학적으로 볼 때 영적인 훈련이나 영적인 발달은 청소년기에 주력해야 할 부분은 아니다. 성인인 경우 선불교 전통에서 나온 마음챙김 명상 배경을 설명하면 불교 배경을 갖고 있는 경우 반색을 하는 경우가 많다. 그러나 청소년 시기에는 발달적으로 볼 때 인지, 정서, 사회성, 도덕성 등의 발달이 더 중요하기 때문에 종교적 색채를 배제하는 것이 좋다.

둘째, 마음챙김 명상을 접목한다고 해서 지나치게 명상을 강조하는 것도 역효과가 날 수 있다. 명상을 지나치게 강조하다 보면 뜬구름 잡는 것 같다는 생각을 심어 주고, 지루하고 신비적인 어떤 활동으로 받아들일 수 있다. 따라서 청소년 대상으로 마음챙김 기반 인지적 개입을 할 때는 신비로운 체험과 같은 명상에 대한 잘못된 인상을 주지 않는 것이 바람직하다.

셋째, 마음챙김 기반 인지치료와 같은 심리적 기법은 전통적인 인지치료와 사뭇 다르다. 기존의 인지치료는 흔히 왜곡되고 잘못된 생각을 식별해 내고 그런 생각이 유발하는 불안, 우울 감정을 해소시키는 것을 목표로 한다. 스트레스 대처기술 같은 구체적인 기법도 가르치지만 기본적으로 생각을 바꾸도록 하는 것이 치료의 초점이다. 그러나 마음챙김 명상을 기반으로 하는 인지치료를 적용할 때는 청소년들에게 생각하는 내용을 직접 바꾸라고 하기보다는 다른 방식으로 자신의 생각과 관계를 맺게 하는 것이 중요하다. 생각과 다른 방식으로 관계를 맺는다는 것은 마음챙김 기반 인지치료의 고유한 개념인데, 즉 부정적이고 힘들게 만드는 생각을 없애려고 애쓰기보다는 그냥 바라보는 것만으로 생각을 바꿀 수 있다는 경험을 하는 것이 중요하다. 부정적인 생각 외에도 생각이 유발하는 감정, 충동, 신체 감각 등도 알아차리게 해 주기 때문에 감정, 충동, 행동과도 다르게 관계를 맺게 해 준다.

넷째, MBCT와 같이 마음챙김을 기반으로 한 개입은 수용과 변화의 모순적인 모델에 기초한다. 마음챙김 명상 기반 개입법은 인지치료의 성공적인 치료 요인을 마음챙김 기반 치료 패러다임에 넣고 있지만 인지치료처럼 변화를 직접 강조하지 않고 변화 이전에 수용이 먼저 선행되어야 함을 강조한다. 인지치료가 변화를 강조하고 마음챙김이 수용을 강조하기 때문에 얼핏 보면 모순적인 것 같지만 수용이 되어야 변화가 가능하다는 점에서 수용과 변화의 변증법이라고 볼 수 있다. 청소년들도 자신이 하고 있는 경험을 있는 그대로 자각하는 능력을 배우게 되면 생각, 감정, 경험에 대해 비판단적 수용의 자세를 배울 수 있다. 그런 점에서 변화 이전에 수용이 필수적인 조건이라고 볼 수 있다. '생각을 바꾸라'가 아니라

'그 생각을 그냥 바라보라'는 것은 새로운 패러다임이다. 생각을 올라오는 그대로 바라보면서 이런 생각이 어떤 감정, 행동, 반응을 유도하는지 살펴보게 하는 힘을 기르면 조금 더 유연한 생각, 감정, 행동으로 이어질 수 있다는 점에서 청소년에게 유익한 경험을 제공할 수 있다. 마음챙김 문헌에서는 이를 '보는 힘'이라고 하고 '보면 사라진다'는 말로 설명한다. 습관적인 해로운 반응을 하는 대신, 생각, 감정을 바라보면, 왜곡된 생각도 지나갈 뿐이고 감정도 일시적인 현상에 불과하며 모두 사실(fact)인 것은 아니라는 것을 알게 된다.

다섯째, 마음챙김을 일상의 삶에 녹여 낼 수 있게 해야 한다. 호흡명상을 연습하는 것 자체는 매우 단순하고 쉽다. 그러나 스마트폰과 게임 같은 자극이나 아이돌 가수들에게 열광하는 청소년들에게 명상 훈련은 매우 지루한 활동이다. 특히 자극추구 성향이 높고 단순반복적인 일을 싫어하는 청소년들은 1분의 명상 훈련도 지루해하고 금방 주의가 흩뜨려진다. 심지어 학교 수업, 학원 수업 등 학업 스트레스가 많은 우리나라 청소년에게 명상을 연습하는 것을 기억하는 것조차 매우 도전적인 일일 수 있다. 그럼에도 불구하고 청소년들의 주의집중, 우울감과 불안감 해소에 마음챙김이 효과가 있다는 여러 연구를 볼 때 반복 연습을 잘 시키면 심리장애를 예방할 수 있고 증상을 감소시킬 수도 있을 것이다. 이를 위해서는 마음챙김 명상이 일상에 스며들어야 한다.

여섯째, 청소년들에게 명상을 적용할 때 가급적 명상이라는 말을 사용하지 않는 것도 명상에 대한 편견이나 선입견을 막을 수 있다. "명상을 해 볼까?"라는 말에 아이들이 탄식을 하고 시작하기 전부터 거부하는 모습을 많이 보이기도 한다. 그래서 마음챙김 명상을 적용할 때는 흔히 사용되는 명상이라는 표현보다는 '호흡 연습' '호흡 훈련' '마음챙김 기술' '숨쉬기 활동'이라는 말이 더 적합하다. 심지어 연령이 더 어린 중학생들의 경우에는 "얘들아, 우리 숨쉬기 해 볼까?"라는 표현이 거부감을 덜 주기도 한다. '단순한 숨쉬기' 연습에서 점차로 정교하게 마음을 챙기는 연습을 하다 보면 내적 경험 혹은 외적 경험을 잘 자각하게 되고 일상의 스트레스가 해소되며 정상적인 기분 상태로 돌아오는 경험을 하게 된다. 그러면 청소년들도 놀랄 정도로 잘 따라올 수 있다. 그렇기 때문에 프로그램 참여에 거부적인 청소년들이 일상생활에서 깊고 느린 숨쉬기 활동, 즉 마음챙김 호흡을 적용해서 사소한 문제가 해결되어 기분이 더 좋아지는 경험을 직접 해 보게 하는 것이 관건이다.

청소년들에게 마음챙김 명상을 적용할 때는 인지치료와 접목한 MBCT를 주요 초점으로 할 수 있고 증상의 유형, 정도에 따라 스트레스 관리 훈련과 같이 예방적 차원으로 접근할 수 있다. 저자의 경험상 우울, 불안, 분노 등의 심리장애가 있는 경우에는 인지치료를 접목하는 것이 효과적이고, 일반 청소년들의 경우에는 심리적 문제를 예방할 수 있는 창의적인 방법이 좋을 것이다. 따라서 일반 청소년의 경우에는 마음챙김 명상보다는 마음챙김 활동을 강조해서 예방적 차원으로 접근하는 것도 좋다.

(4) 마음챙김 기술훈련의 변화기제

심리치료나 기술훈련의 효과를 보기 위해서는 변화를 유도하는 기제를 아는 것이 필요하다. 마음챙김 명상 효과에 대해서는 반응 유연성, 인지적 변화, 정서조절, 탈중심화(거리 두기) 등의 기제들이 많이 알려져 있다. 저자들이 마음챙김 대처기술 훈련 형태로 적용하고 있는 프로그램에서는 반응하지 않기, 다른 말로 하면 비반응성을 변화의 기제로 보고 있다. 또한 멈춤을 통해 생각과 감정, 행동의 변화가 가능해지면 뇌 발달 측면에서도 건강한 변화가 생길 수 있다.

① 비반응성

마음챙김 명상을 이해하는 또 다른 방식은 마음챙김을 구성하고 있는 두 가지 중요한 요소를 염두에 두는 것이다. 하나는 현재 순간을 알아차리는 것(present moment awareness)이고 다른 하나는 평정심(equanimity), 즉 비반응성(non-reactivity)이다. 현재 순간을 자각하는 것은 단순히 인지적인 것을 의미하지 않는다. 경험과 친숙해지고 특정한 순간에 느껴지는 생각, 감정, 감각을 알아차리는 것을 뜻한다. 마음챙김 자각에는 느껴지는 감각(felt sense), 신체적 현존에 대한 구체적 자각, 그 순간 느껴지는 정서적 삶의 풍부함을 충분히 느끼는 것 등이 포함된다.

평정심은 인지적 · 정서적 균형감을 의미하며 자기 멋대로 행동하는 것을 그만둘 여지를 주고 내적인 침착함을 유지하게 한다. 이 평정심은 지나치게 감정과 경험을 억압하지도 않고 감정과 경험에 휘둘리지도 않고 무슨 일이든 느끼고 감각적으로 인식할 수 있는 여지와 균형감각을 갖게 해 준다.

비반응성 능력 혹은 역량(capacity)을 갖게 되면 감각, 생각, 감정, 혹은 충동에 즉각적으로 반응하지 않고 그것이 순간적으로 나타났다가 사라지는 것을 충분히 관찰할 수 있도록 모든 경험에 열려 있게 해 준다. 어떤 경험이 나타나고, 점점 강렬해지고, 약화되고, 궁극적으로 사라지는 것을 관찰할 수 있는 힘을 길러 주는 것이 마음챙김이 지향하는 평정심이다. 청소년들이 마음챙김 연습을 하게 되면 평정심이 길러지고 변화무쌍한 감정이 요동치더라도 쉽게 마음의 안정감과 균형감을 되찾을 수 있다.

또한 마음챙김을 연습하게 되면 감사, 친절, 용서와 같은 긍정 정서를 배양할 수 있다. 그래서 마음챙김은 정신훈련인 동시에 가슴훈련(heart practices)이라고도 한다. 구체적이고 반복적인 훈련과 기법을 통해 친사회적 정서(prosocial emotion)를 함양할 수 있기 때문에 품행 문제를 보이거나 공격성 문제를 가진 청소년들에게도 효과를 보일 수 있다.

② 디폴트 모드 네트워크 활성화

청소년들의 뇌는 가소성(plasticity)이 있다고 앞서서 기술하였다. 이처럼 청소년들의 뇌 가소성이 높아서 명상훈련으로 뇌를 바꿀 수 있고, 학습효과가 더디기는 하지만 한번 나타나면 오랫동안 지속된다는 것을 기억할 필요가 있다. 즉, 마음챙김 명상 혹은 마음챙김 기술훈련은 뇌를 바꿀 수 있다.

마음챙김 기반 개입은 세 가지의 뇌 네트워크, 즉 디폴트 모드 네트워크(Default Mode Network: 이하 DMN), 현저성 네트워크(Salience Network: SN), 실행통제 네트워크(Executive Control Network: ECN)와 서로 연결되어 있다고 한다. 이중 마음챙김과 관련하여 가장 많이 연구되어 온 신경망이 DMN이다. DMN은 자기 인식, 일화적 기억, 감정 처리, 자기 반영적 활동, 도덕적 의사 결정과 관련이 있고 최근에는 마음이론(theory of mind), 공감, 정서조절, 충동성과 연관되어 있다고 알려져 있다.

'유레카'에 얽힌 아르키메데스 일화는 한 번쯤 들어 보았을 정도로 잘 알려지고도 재미있는 이야기이다. 왕이 아르키메데스에게 왕관이 진짜인지 가짜인지 알아내라고 지시를 하자 아르키메데스는 골똘히 생각에 잠겼다. 어느 날, 목욕탕에 들어갔다가 그 비밀을 알아내고는 너무나 기쁜 나머지 벌거벗은 채 밖으로 뛰쳐나와 '유레카'(알아냈다는 뜻)를 외쳤다고 한다. 아르키메데스의 일화는 내측전전두엽피질, 후대상피질, 측두 · 두정엽 접합부, 등쪽 외측 전두엽피질, 내측 전전두엽피질 등에 퍼져 있는 신경세포망이 멍한 상태이거나 몽상에 빠졌을 때 활발해지면서 창의적인 아이디어 발상이 가능해진 예라고 할 수 있다. 이를 휴지기 상태 네트워크(rest state network)라고도 하는데 평소 인지 활동 중에는 연결되지 못하던 뇌의 각 부위를 연결시켜 창의성과 통찰력을 높여 준다고 알려져 있다. 스트레스가 증가하거나, 따분하거나 혼란스러운 상황이 가중되거나, 졸음이 몰려올 때 주로 DMN이 작동한다. 마음챙김 명상 시에도 이 부위가 활성화되며 통찰력, 문제해결력을 높인다고 알려져 있다.

4) 청소년에게 마음챙김 기술 가르치기

청소년에게 마음챙김 명상을 가르치는 것이 쉽지 않다는 것은 이를 몇 번 시도해 본 상담사/교사라면 알 수 있을 것이다(Battistin, 2019, Burdick, 2014). 명상에 익숙한 사람일지라도 이들에게 명상을 하도록 가르치는 것은 수학, 영어를 가르치는 것보다 어려울 것이다. 수학, 영어는 필요에 의해서 배우려는 의도를 가진 아이들이 많지만 '명상은 굳이 도움이 안 되고 지루한데 왜 하라고 하지'와 같은 생각을 하는 아이들이 많기 때문이다. 성인들은 명상이 몸과 마음에 좋고 스트레스 해소 목록에 단골로 들어가 있어서 명상 지식을 많이 알고 있지만 청소년들의 경우 명상이 지루한 활동이라는 선입견이 강하다. 심지어 명상 음악을 들려주면 대부분 졸린다고 하거나 재미없다는 반응을 하기 일쑤다. 그래서 마음챙김 명상을 잘 알고 있고 스스로 체화하여 삶에 적용하고 있는 상담사/교사들도 마음챙김 명상 기반 인지 프로그램을 진행할 때 '어디서 시작할까?' 혹은 '어떻게 하면 아이들이 더 열심히 참여하고 집중하도록 할 수 있을까?'라는 고민이 깊어질 수밖에 없다.

마음챙김 명상은 교사와 상담사 그리고 학생 모두에게 새로운 주제이다. 명상에 대해 막연히 신비스러운 것으로 생각하는 경우도 있지만 사실 이에 대해 아무런 이해가 없는 경우가 대부분이다. 그러나 한편으로 생각해 보면 청소년들이 학교에서 혹은 집에서 재미있는 것만 배우고 익히는 것만은 아니니다. 수학이나 역사, 지리와 같이 대체로 재미없게 여기는 수업도 청소년들이 수능을 위해 할 수 없이 공부를 하여 성적을 올리듯이 마음챙김 명상도 하기 싫지만 꾸준히 하다 보면 평생의 심리적 생활기술로 몸과 마음에 각인될 수 있다. 실제로 장기 추적 연구를 살펴보면 초등학생 때는 마음챙김 명상을 싫어했던 아이들도 중학교, 고등학교에 올라가서 꾸준히 하게 되면 명상을 하지 않은 아이들에 비해 삶의 질이나 심리적 안녕감이 높다고 한다. 따라서 상담사 혹은 교사로서, 재미없는 과목이라고 할지라도 열심히 열정을 갖고 가르치는 교사들처럼 아이들에게 명상을 시키는 것에 대한 불안한 마음을 가라앉히고, 우리 아이들에게 가치 있는 활동이라는 점을 기억할 필요가 있다.

(1) 상담사/교사 자신이 조력자, 촉진자가 되어야 한다

전통적인 인지치료에서는 상담사와 교사가 적극적인 역할을 하지만 마음챙김 기반 인지치료에서는 상담사와 교사가 마음챙김 조력자로서 활동을 안내하는 것이 좋다. 마음챙김 수업 내내 아이들에게 무슨 일이 일어나고 있는지 신중하게 관찰하고 상황을 인식하고 아이들의 바디 랭귀지를 잘 파악하는 것이 필수적이다. 청소년들이 마음챙김 명상 활동에 잘 참여하는지를 모니터링하기 위해 아이들의 목소리 톤, 몸의 자세, 호흡 등 비언어적 신호도 면밀히 관찰해야 한다.

훈련을 할 때 마음챙김 능력은 타고난 특성(trait)이라기보다는 길러지는 기술(skill)로 인식하는 것이 좋다. 타고난 성향은 잘 바뀌지 않는다. 하지만 교육이나 연습에 의해 길러지는 기술이라면, 사회성을 길러 주는 사회기술 훈련처럼 마음챙김 훈련을 통해서 습득이 가능해진다. 조망기술을 가르쳐 주고 친구들과 사귀는 방법을 구체적으로 가르쳐 주는 사회기술과는 달리 마음챙김 기술훈련은 호흡을 통해서 자기 내적인 경험의 변화를 인식하고 처리하는 것을 가르쳐 주는 심리 기법이자 생활기술 훈련에 가깝다.

이러한 마음챙김 기술훈련을 잘 가르치기 위해서는 상담사 혹은 교사로서 명상 실습을 스스로의 삶에서 실천하는 것이 중요하다. 간혹 상담사 중에는 마음챙김 호흡이 전혀 되어 있지 않은 상태에서 명상 프로그램 매뉴얼을 그냥 읽어 주기만 하면 명상이 된다고 생각하는 경우가 있다. 그러나 호흡 훈련을 시키는 동안 다양한 반응이 나올 수 있으므로 제대로 명상 훈련을 받지 않은 상태에서 청소년을 가르치기는 쉽지 않다. 훈련을 하지 않으면 명상 도중 일어나는 감정과 생각의 변화 등을 적절하게 안내하기 어렵다. 그렇기 때문에 현장에서 마음챙김 명상을 청소년들에게 적용하려는 상담사와 교사들은 먼저 '지금 여기에 존재'하기 위한 마음챙김 훈련을 매일 실천하는 것이 좋다.

경험에 대한 비판단적인 자세, 지나치게 애쓰지 않기, 수용하기와 같은 마음챙김 태도는 하루 아침에 형성되지 않는다. 마음챙김 태도는 머리로 아는 것과 몸으로 경험하고 마음으로 진정 느끼는 것과는 다르다. 마음챙김을 꾸준히 연습해서 청소년들에게 모델링이 되어야 한다. 마음챙김 기술은 뭔가 기대하고 지나치게 원하는 대신, 우리 자신과 우리의 삶을 있는 그대로 받아들이는 것을 배우는 방법이다. 마음챙김이 성난 코끼리처럼 날뛰는 자신의 생각과 감정의 폭군으로부터 우리 자신을 자유롭게 하고 결과적으로 더 나은 삶을 살게 해 준다는 확신이 있다면, 청소년에게 자신감 있게 적용할 수 있을 것이다.

(2) 문제를 고쳐 주어야 한다는 강박에서 벗어나야 한다

상담사로서 인지행동치료나 다른 심리치료 훈련을 오래 받은 경우 습관처럼 문제를 어떻게든 빨리 해결하고, 사고와 감정의 악순환 고리에서 벗어나도록 정서적 고통을 감소시켜 줘야 한다는 압박감을 느끼기 쉽다. 특히 상담 초심자들의 경우 문제 행동이나 심리장애의 답이 명백하게 보이기 때문에 어려움에 처해 있는 내담자를 만나면 빨리 도와주고 싶은 직업의식이 발동하기 마련이다. 청소년 내담자와 작업할 때 문제가 해결될 때까지 문제와 함께 있어야 하고 해결해 주어야 하는 책임감을 강하게 느끼는 상담사들이 많을 것이다. 그러나 마음챙김 기반 인지치료 접근법에서는 내적인 경험에 집중하도록 힘을 북돋아 주는 역할이 가장 중요하다. 마음챙김 접근에서는 생각을 교정하려는 시도가 자칫 사람들이 겪고 있는 심리적 문제는 무찔러야 할 적(enemy)이며, 그 문제들이 제거되어야 모든 것이 좋아질 것이라는 태도를 암묵적으로 강화시킬 수 있음을 경계한다.

물론 고통 속에 있는 사람들이 본능적으로 더 많은 고통을 피하고 싶어 한다는 것은 이해할 수 있다. 그러나 마음챙김 기반 인지적 접근에서 지향하는 가장 능숙한 반응은 문제를 서둘러 해결하려고 애쓰기보다 사람들이 얼마나 상황이나 사건에 빨리 반응하는지를 알아차리게 하는 것이다. 따라서 이 접근에서는 문제를 빨리 해결하려는 시도를 내려놓고, 대신 의도적으로 한 발짝 뒤로 물러서서 '비반응성'이라는 렌즈를 통해 문제를 그냥 바라보고 온화하게 그것을 인식하게 만든다. 여기서 '비반응성'은 앞서 나온 설명대로 새로운 패러다임이다. 유용한 어떤 반응을 고안해서 해 보게 하는 전통적인 치료와는 달리, 마음챙김 기반 치료에서는 일단 멈추는 것의 중요성을 인식시켜 주는 것이 중요하다. 흔히 어떤 문제에 대해 성급하게 반응하다 보면 과잉반응이 되고 문제를 악화시킬 소지가 있다. 마음챙김 기반 인지치료에서는 원치 않는 생각과 감정을 피하거나 차단하는 대신, 그러한 사고와 감정에 맞서 싸우는 것이 얼마나 더 많은 긴장과 내적인 동요를 일으키는지 자신의 경험을 통해서 보게 한다.

(3) 더 나은 선택을 위한 생활기술로서의 마음챙김

마음은 방황하는 속성이 있지만 마음챙김은 현재의 경험들에 대해 주의-편향적이지 않고, 비판단적인 주의를 말한다. 청소년들에게 마음챙김을 가르칠 때 다음을 전달하는 것이 좋다.

- 마음챙김은 악기, 스포츠를 배우거나 학습 능력을 배우듯이 연습과 인내심으로 길러진다.
- 마음이 과거나 미래로 떠돌아다닐 때, 감정적인 반응을 하게 되면 불행감, 불편한 기분이 야기된다.
- 마음이 현재 순간을 판단하거나 비판할 때, 감정적으로 불편한 마음이 야기된다.
- 현재 순간이 마음에 안 들고 실제와 달라지기를 원할 때, 마음 안에서 불편한 감정이 일어난다. 마음챙김은 이 모든 불편한 마음을 관리하는 데 도움을 줄 수 있다.
- 마음의 방황을 알아차리고, 판단을 알아차리고, 원하는 것을 알아차리려면, 열린 마음, 수용, 호기심을 갖고 무슨 일이 일어나고 있는지 마음을 챙겨야 한다.
- 어려운 생각, 힘든 생각을 통제하기는 어렵다. 주변에서 일어나는 일을 통제할 수는 없지만, 그 사건이 유발한 생각과 사건에 대해 어떻게 반응할 것인지에 많은 선택지가 있고 마음챙김은 그 선택을 잘할 수 있게 도와준다.
- 선택은 과거나 미래보다는 현재에만 존재한다는 것을 기억할

필요가 있다. 과거에 했던 선택에 대해 곱씹을 수 있고, 미래의 선택을 미리 생각하며 계획할 수도 있다. 하지만 우리가 실제로 선택을 할 수 있는 유일한 시간은 현재에 있다. 현재에 주목하면 과거 지향적인 생각이 감정에 어떤 영향을 미치는지, 그리고 감정이 우리의 선택에 어떤 영향을 미치는지 더 잘 알 수 있다. 이렇게 마음챙김을 하다 보면 자신의 생각, 판단, 믿음, 욕망, 기대가 우리가 하는 많은 선택에 영향을 미친다는 것을 발견한다.

- 마음챙김은 생각과 감정에 압도되지 않게 해 준다. 강한 생각과 감정이 선택의 여지가 전혀 없다고 믿게 할 때에도 사람들은 여전히 선택의 여지가 있다는 것을 기억할 수 있다. 혼란스럽고 혼탁한 상황에서 마음을 챙겨 분명하게 보면 생각했던 것보다 더 많은 선택지를 볼 수 있을 것이다. 멈추고 바라보면 더 나은 선택을 할 수 있고, 더 나은 선택은 보통 더 나은 결과와 덜 불편한 마음, 더 행복한 마음 상태를 가져온다.

5) 마음챙김 명상에 들어오게 하기

(1) 안내된 명상

마음챙김 호흡 명상은 반드시 안내자가 필요하다. 호흡 명상에 익숙해지면 안내자가 불필요하게 느껴지지만 이를 처음에 익히기 위해서는 안내가 필요하다. 그래서 안내된 명상(guided meditation)

이라는 말이 흔히 쓰인다. 다음은 명상을 안내할 때의 지시문이다. 초등 고학년이나 중학교 1학년 정도의 아이들에게 명상을 적용할 때, 안내자는 설명을 짧게 하는 것이 좋다. 고등학생 이상이라면 인지적 수준에 맞게 조금 길게 안내해도 된다. 마음챙김 호흡 또는 마음챙김 명상을 왜 해야 하는지 아이들에게 전달할 때 인지 수준에 따라 다음의 지시문을 변형해서 사용할 수 있다. 명상을 안내하는 상담사/교사는 자기 말로 표현을 하되 다음의 내용을 숙지하면 도움이 될 것이다.

지시문 예시 1

가끔 우리 마음은 이미 일어난 일을 계속 생각하면서 과거 사건에 몰두합니다. 때로 우리는 슬퍼하고 자기 행동을 후회하며 시간을 보내지요. 친구나 가족이 나한테 말한 것에 대해 화가 나기도 하고 시험을 못 보면 어떻게 하나 일어나지 않은 일에 대해 걱정하고 불안해합니다. 마음챙김은 호기심, 개방성 그리고 수용하는 마음을 가지고 현재 일어나고 있는 모든 것에 주의를 기울이는 것을 의미합니다.

지시문 예시 2

마음은 늘 왔다 갔다 하지요. 지난 토요일 친구와 영화를 보고 나서 잠깐 말다툼했던 기억을 하면서 마음이 오락가락하기도 합니다. 친구가 나보다 수학 점수를 높게 받아서 기분이 나빠지고, '난 왜 이렇게 바보 같을까?' 이런 생각을 하느라 지금 현재 일어나는 일에 집중하지 못할 수도 있어요. 마음은 우리 몸과는 전혀 다른 곳에 있을 때가 많아요. 용돈이 필요한데 부모님에게 더 많은 용돈을 요구할지, 생일 파티에 초대하는 것을 잊은 친구에게 무슨 말을 해야 할지 왔다 갔다 합니다. 사실, 마음은 이렇게 여기저기로 방황하곤 합니다. 비행기 조종사가 자동조종 장치를 사용해서 비행기가 자동적으로 알아서 가게 하듯이 우리 뇌와 몸은 종종 우리가 알아차리지 못한 상태로 자동조종 모드에 들어갈 수 있습니다. 이렇게 자동조종 상태에 빠지면 순간 무슨 일이 일어나는지 모를 수 있습니다. 이런 자동조종 상태와 달리 마음챙김은 무슨 일이 일어나는지 알아차리는 연습입니다.

지시문 예시 3

마음이 다른 곳에 가 있다는 것을 알아차린 적이 있지요? 아침에 엄마랑 다투고 정신이 멍한 상태로 학교에 가거나 책을 읽거나 유튜브를 보다가 몇 분이 지나가고 방금 본 것이 기억이 나지 않은 사실을 깨닫기도 하지요. 마음은 방황하는 것을 좋아합니다. 그런데 이 마음의 방황이 우릴 힘들게 합니다. 마음이 과거에 있을 때, 슬프고 속상하거나, 화가 나거나, 후회하거나, 죄책감을 느끼거나, 심지어 수치심을 느낄 수 있습니다. 마음이 미래에 가 있으면 걱정하거나, 불안해하거나, 좌절하거나, 두려워할 수도 있습니다. 마음챙김은 우리의 마음을 바로 지금-여기서 일어나고 있는 일로 되돌리는 방법입니다. 그렇게 하면 이전에는 보지 못했던 새롭고 흥미로운 것들을 발견할 수 있어요. 냄새나 맛을 느끼거나 뭔가를 만져 볼 수도 있고요. 현재 순간에 머물면 아무것도 할 수 없는 이미 일어난 일들에 대한 슬픔도 줄어들고, 아직 일어나지 않은, 그리고 결코 일어나지 않을 수도 있는 일들에 대한 걱정이 줄어들 수도 있어요.

(2) 마음챙김 실습의 묘미

마음챙김은 실습을 해 봐야 그 묘미를 알 수 있다. 그래서 백 번의 말보다 한 번의 실습이 더 중요하다. 마음챙김은 명상의 방법으로 진행되지만 청소년들에게는 명상이라는 말보다는 호흡 훈련(숨쉬기)이라고 설명하는 것이 더 효과적이라는 것을 이미 여러 번 강조하였다. 다음에 청소년들에게 설명해 주면 좋을 만한 마음챙김의 특성을 기술하였다. 호흡을 왜 해야 하는지 의문을 품고 잘 하지 않으려고 하는 청소년들에게 설명할 때 참고할 수 있다.

마음챙김 호흡에 다음과 같은 이점이 있다는 것을 비유를 써서 설명하거나, 청소년의 발달수준에 맞게 잘 설명해 준다.

- 마음챙김 호흡을 하게 되면 자신에게 비판단적이 되고 친절하게 대할 수 있다. 자존감이 낮은 아이들은 남과 비교해서 자신을 비난하는 경향이 있다. 이때 마음챙김은 자신을 있는 그대로 수용하는 마음을 갖게 하기 때문에 비판단적으로 자신을 대할 수 있다고 설명한다.
- 의식적으로 마음을 훈련하는 것은 항상 뛰어다니는 고삐 풀린 망아지를 훈련시키는 것과 약간 비슷하다. 망아지처럼 이리저리 날뛴다고 해서 자신에게 화를 내거나 실망할 필요가 없다. 대신에, 우리는 단지 마음이 방황했다는 것을 알아차리고, 다시 선택한 곳에 집중하는 것이 중요하다. 만약 망아지에게 못되게 군다면 못된 망아지 같은 마음이 계속될 수 있다. 마음을

가라앉히고 친절하게 훈련하다 보면 결국 차분한 망아지가 될 수 있다.

이 방법은 인내심을 키울 수 있다. 자전거 타는 법을 배우기 위해서는 페달과 브레이크, 자전거 조종법, 균형 잡는 법을 배워야 한다. 처음 시작할 때 이 모든 것을 한꺼번에 기억해야 해서 매우 복잡해 보일 수 있다. 처음에는 천천히 조심스럽게 자전거 타는 법을 배우지만, 인내심을 갖고 꾸준히 연습하다 보면 자전거 타기가 쉬워진다. 마찬가지로, 당장 변화를 보지 못하더라도 인내심을 가지고 수업에서 마음챙김 활동을 연습하다 보면 마음을 조금 평화롭게 유지할 수 있다.

- 마음챙김 능력을 키우는 것은 화분이나 밭에서 식물을 키우는 것과 같다. 씨앗을 심고, 음식, 물, 햇빛을 제공한 다음 기다린다. 적절한 조건이 주어지면 씨앗이 움트고 자라나 다시 씨를 뿌릴 것이다. 일상적인 활동을 잘 자각하게 되면 마음챙김을 키우는 연습을 할 수 있다. 순간순간의 경험을 더 잘 인식하고자 하는 의도를 갖고, 생각하고, 느끼고, 말하는 것에 주의를 기울이는 것을 연습한다. 그러면 마음이 자라고 정원처럼 꽃이 핀다.
- 마음챙김을 연습하는 것은 더 의식하고 깨어 있는 것을 연습하는 것이다. 마음챙김은 이미 익숙한 것과는 다른 종류의 인식이다. 바로 지금-여기서 무슨 일이 일어나고 있는지에 초점이 맞춰져 있다. 마음챙김을 하면 경험을 판단하기보다는

단순히 보는 연습을 할 수 있다. 경험하는 모든 일에 의식을 가져오는 연습을 할 수 있고, 그렇게 함으로써 삶의 흥미와 재미를 느낄 수 있다.

(3) 마음챙김 자세

마음챙김의 공식적인 실습에서는 먼저 의도(intention)를 강조한다. 의도는 현재의 순간을 인식할 수 있는 방법이다. 이러한 의도를 마음챙김 자세를 취하여 표현할 수 있다. 곧은 등받이 의자나 매트 또는 바닥에 놓인 쿠션에 앉아 청소년들이 편안한 자세로 앉거나 눕게 한다. 의자를 사용하면 의자 등받이에 기대지 않고 앉도록 지시해 척추가 똑바로 서고 양발이 바닥에 단단히 놓여 몸이 삼각대나 다리가 세 개 달린 걸상처럼 안정적으로 균형을 이루도록 한다.

부드럽게 눈을 감도록 안내하되, 그렇게 하고 싶을 때만 그렇게 하라고 한다. 일부 청소년들은 눈을 감는 것이 불편할 수도 있기 때문에, 이것이 선택사항이라는 것을 알리는 것이 중요하다. 외상을 경험한 아동이나 청소년의 경우 또는 심각한 불안을 가진 청소년들은 특히 어려울 수 있다.

앉는 자세를 자세히 설명하고 나서 청소년들이 자신의 호흡에 집중하게 하고 의식의 초점을 아랫배에 유지하려고 애쓰는 동안 어떤 일이 일어나는지 살펴보게 한다. 위엄 있고 기민함을 유지할 수 있도록, 허리는 곧게 그러나 너무 뻣뻣하지 않게, 머리와 목, 척추를 곧게 세우고, 어깨는 이완하여 편안한 자세를 취하도록 하고 잠시 후 호흡에 집중하도록 지시한다. 여기에서 주의 초점은 호흡할 때의 신체 감각에 두도록 한다. 숨을 들이쉬는 동안 신체 감각을 충분히 자각하고 또 내쉴 때도 마찬가지 방식으로 하게 한다. 이렇게 하는 동안 마음은 결국 다른 곳으로 떠돌아다닐 것이다. 자신의 마음이 호흡에서 벗어나 떠돌아다닌다는 것을 알게 되는 순간마다 무엇이 마음을 떠돌아다니게 했는지 알아차리고 조용히 호흡이 들어오고 나오는 감각으로 주의를 돌리는 것이 중요하다. 호흡으로부터 마음이 떠날 때마다 같은 일을 반복한다. 마음이 무엇에 사로잡히든지 단지 의식을 호흡으로 되돌리는 것이 마음챙김의 핵심이라는 사실을 주지시킨다.

(4) 호흡 훈련의 단계

첫 번째 단계는 지금 어떤 일이 일어나고 있는지 알아차리는 것이다. 마음에 무엇이 지나가는지 알아차리도록 하면 자동조종 상태에서 벗어날 수 있다. '어떤 생각이 떠올랐나' 다시 최선을 다해 떠오른 생각을 마음의 사건으로 알아차려 보게 한다. 그 순간에 떠오른 감정을 알아차리고 특히 불편감이나 불쾌한 감정이 일어났다면 이것에 주목하게 한다. 그리고 몸의 감각…… 긴장감, 통증 혹은 다른 느낌이 있는지 살펴보게 한다.

두 번째 단계는 한 가지 대상, 즉 호흡의 움직임에 초점을 맞추면서 알아차리도록 하는 것이다. 아랫배의 움직임에 주의를 기울이고 호흡에 따라 부풀어 올랐다 내려가는 것을 느껴 보게 하고 호흡이 언제 들어오는지 언제 나가는지를 알게 한다. 아랫배가 어떻게 움직이는지 그 패턴을 자각하면서 호흡을 현재 순간의 닻으로 이용해 집중하게 한다.

세 번째 단계로, 어느 정도 집중을 유지하면서 알아차림을 확장시켜 호흡을 자각하는 것과 아울러 몸 전체의 감각을 알아차리게 한다. 그러면 보다 넓은 영역을 자각하게 된다. 답답한 느낌이나 몸을 지탱하면서 어깨, 목, 허리, 얼굴에서 느껴지는 느낌을 포함하는 온몸의 감각을 느끼면 호흡에 따라 온몸이 호흡하는 것 같이 느낄 수 있다.

2/4호흡과 3/6호흡

숫자를 세면서 호흡을 하는 것은 집중을 잘하게 하기 위한 방법이다. 숫자를 엄격하게 지키면서 할 필요는 없지만 초반에 명상이 익숙하지 않은 청소년들에게 단계적으로 명상을 가르치기 위한 한 방법이며 나중에 익숙해지면 숫자를 무시하고 본인에게 편하게 느껴질 정도로 깊고 느리게 연습하게 하는 것이 관건이다.

"지금부터 숨쉬기 연습, 다른 말로 하면 마음챙김 호흡 연습을 할 것입니다. 배꼽 아래 아랫배에 두 손을 맞잡아 대면서 자연스럽게 숨을 몇 번 쉬어 봅니다. 가급적 코로 천천히 숨이 들어와서 아랫배로 내려가는 과정을 마음의 눈으로 지켜보면서 그때 느껴지는 감각을 알아차립니다. 숨이 들어왔다가 다시 코를 통해서 나갈 때 느껴지는 감각에도 집중합니다. 곧 마음은 아랫배 호흡에 집중하는 것에서 생각이나 상상의 나래를 펴거나 백일몽으로 멀어질 것입니다. 마음은 원래 이런 거예요. 마음이 늘 하는 일이니까요. 호흡을 알아차릴 때 마음이 왔다 갔다 해도 잘못된 것은 아니에요. 마음이 사방팔방으로 흩어져도 다시 호흡으로 돌아와서 그 순간의 경험을 알아차리면 되는 거예요. 아랫배 감각이 변화하는 것을 지켜보고 들숨과 날숨의 움직임에 주목하세요. 주의집중을 위해 숨을 2초간 들이마시고 4초간 내쉬기를 반복해 봅니다. 24호흡이 순조롭게 되면 조금 더 깊고 느리게 3초간 들이마시고 6초간 내쉬기를 해 봅니다."

- 아이들 마음이 방황했다는 것을 알아차릴 때마다(이런 일이 몇 번이고 반복될 것이다) 부드럽게 주의를 아랫배로 돌리게 한다. 이 시간 할 수 있는 유일한 일은 들숨과 날숨 그리고 그때마다 느껴지는 몸의 감각을 알아차리는 것이 중요하다는 것을 전달한다.
- 방황하는 마음의 속성은 당연한 것이라고 안심시킨다. "괜찮아. 마음은 원래 그래." 하면서 백번이고 천번이고 방황하는 마음을 알아차리고 주의를 아랫배 호흡감각에 집중하게 한다.
- "마음이 방황했다는 것을 알아차릴 때마다, 부드럽게 주의를 다시 호흡에 가져오세요."라는 말은 명상을 지도할 때 가장 많이 쓰는 표현이다.

- 처음부터 무리하게 깊고 느린 호흡을 가르치기보다는 2/4…… 3/6…… 4/8…… 이런 식으로 점차 호흡을 길고 느리게 하는 연습을 단계적으로 시켜 나간다.
- 2초간 들이마시고 4초간 길게 내쉬기, 3초간 숨을 들이마시고 6초간 길게 내쉬기…… 이런 식으로 숫자를 세면서 숨을 들이마시고 내쉬게 연습하는 것이 좋다. 갑자기 무리해서 느리게 호흡하면 머리가 아프거나 가슴이 답답하다고 호소하는 아이들이 있을 수 있다. 따라서 평상시 자연스러운 호흡에 가까운 2/4초 호흡으로 하다가 점차로 3/6, 4/8초로 늘려 간다.

  이런 호흡을 3분간 하면 3분 호흡이 되고 10분간 하면 10분 호흡이 된다. 처음에는 3분도 어렵다면 1분 호흡, 3분 호흡, 10분 호흡 등으로 시간을 점차 늘려 가면서 연습시키는 것이 좋다.

1분 호흡

"지금부터 1분 호흡을 해 볼게요. 우선, 바닥이나 의자에 닿는 엉덩이 부분을 느껴 보세요. 허리를 곧게 펴고 몸에 닿는 촉감과 압박감 등 감각에 주의를 기울여 보세요. 여러분의 몸이 바닥/의자와 어떻게 연결되는지 알아차려 보세요. 자세가 편안해지면 이제 아랫배에 의식을 집중하세요. 숨을 들이마실 때 아랫배가 풍선처럼 부풀어 오르고 내쉴 때 풍선이 줄어드는 것을 느껴 보세요. 숨을 들이마실 때마다 아랫배가 솟아오르고, 숨을 내쉴 때마다 아랫배가 줄어드는 동안 느껴지는 몸 안의 모든 다른 감각을 알아차려 보세요. 1분 동안, 호흡과 호흡에 따라 변화하는 몸의 감각을 느껴 봅니다."

1~3분 호흡 등 청소년의 발달수준에 따라 짧게 혹은 길게 할 수 있다.

(5) 브레인스토밍하기

청소년들과 함께 브레인스토밍을 하여 마음챙김 호흡을 연습할 수도 있다. 예를 들어, 아침에 깨어날 때, 식사 전에, 학교 가기 위해 집을 나설 때, 각 수업 전에, 친구 또는 가족과 이야기하기 전에 마음챙김 호흡을 수시로 연습할 것을 제안하고, 마음챙김을 하면 생활에서 어떤 것이 가장 도움이 되는지 말하게 하거나 적게 한다.

"시험 볼 때 마음이 덜 불안해지는 데 도움이 될 거야."

"마음이 엄마나 동생에게 짜증을 덜 내게 될 거야."

"마음이 수업시간에 주의를 기울일 수 있도록 도우니, 수학을 더 쉽게 배울 수 있을 거야."

"마음이 금방 다스려지기 때문에 화를 덜 내게 될 거야."

이렇게 브레인스토밍을 해도 마음챙김 호흡 훈련이 간단하지는 않다. 명상을 하기는 쉽지만 실천은 매우 어렵다. 마음챙김의 가장 어려운 부분은 실천하는 것을 기억하는 것이며, 매일 실천을 목표로 연습을 시작하고, 자신과 타인에게 친절하게 대하는 것을 목표로 하는 것이다.

아이들, 아니 심지어 어른들도 스트레스를 받거나 분노, 불안 또는 다른 강한 감정을 경험할 때, 그들은 더 얕게 숨을 쉬거나 과호흡을 하는 경향이 있다. 어떤 경우에는 일시적으로 호흡을 완전히 멈출 수도 있다. 어려운 순간에 호흡하는 법을 배우는 것은 정상적인 호흡 속도를 유지시켜 뇌와 몸에 적절한 양의 산소를 공급하고 몸통의 장기를 열고 마사지하는 기능을 한다. '깊고 느리게' 호흡하는 법을 배우게 되면 부교감신경계 반응은 몸과 마음을 진정시켜 준다. 호흡과 몸을 통해 강렬한 감정을 조절하는 이 능력은 불편한 감정 상태를 관리하는 데 도움이 될 수 있다.

6) 몸을 통한 마음챙김

호흡 명상을 할 때 몸을 집중 대상으로 사용하는 이유는 뭘까? 첫째, 몸을 잘 알아차리게 되면 감정을 잘 다루는 법을 배우는 데 도움이 되기 때문이다. 슬픔 혹은 무기력과 같은 강한 감정은 생각이나 정신적 사건으로 표현될 뿐만 아니라 몸에 영향을 미칠 수 있다. 웅크린 자세, 가슴이 묵직한 느낌, 혹은 어깨가 조이는 것 등은 강한 감정이 존재하고 있다는 신호가 될 수 있다. 몸에서 일어나는 것은 마음에서 일어나는 것에 지대한 영향을 준다. 몸이 어떻게 느끼고 있는가에 대한 피드백은 흔히 오래된 생각과 감정의 습관을 유지시키는 순환 고리에서 빠질 수 없는 부분이다.

둘째, 흔히 고통에 빠지면 그 감정으로부터 벗어날 수 있는 방법을 생각해 내려고 애를 쓴다. 이것에 대한 대안은 물리적 감각이나 몸에서 느껴지는 감각으로 감정이 표현되는 것에 주의를 옮기는 것이다. 이렇게 하면 시간이 지나면서, 몸의 무게 중심을 '머릿속'에서 벗어나 몸에 대한 자각으로 바꾸도록 해 준다. 이것은 신선하면서도 새로운 관점에서 감정에 다다를 수 있는 가능성을 제시해 주고 있다. 즉, 스트레스 상황이나 감정적인 어려움을 경험할 때 '이것을 내 몸은 어떻게 느끼고 있을까?'에 초점을 두는 것을 의미한다.

(1) 마음챙김 움직임과 바디 스캔

몸을 알아차리는 연습은 마음챙김에서 바디 스캔이라고 알려져 있다. 청소년들에게는 몸 알아차림, 몸 챙김, 몸 스캔이라고 설명해 주어도 된다. 몸을 알아차리는 연습이라고 소개하는 것이 가장 자연스럽다. 바디 스캔에서는 청소년들에게 주의 초점을 계속 옮기도록 하고 그렇게 한 다음, 무엇이 일어나는지를 발견하도록 한다. 바디 스캔을 준비하기 위해, 청소년 참가자들에게 등을 바닥에 대고 매트나 부드러운 곳에 눕도록 지시한다. 방이 충분히 크지 않거나 일부 참가자들이 원한다면 의자에 앉아서 바디 스캔을 할 수도 있다. 대부분의 참가자가 눕는다면 지도자도 눕고, 대부분이 앉아 있다면 지도자도 의자에 앉는 것이 일반적이다. 부득이하게 누울 수 있는 공간이 부족한 교실이라면 앉아서 해도 무방하다.

다음 몇 분 동안은 호흡이 몸의 안과 밖으로 움직이는 것에 집중하도록 하는 데 시간을 보낸다. 그러고 나서 바디 스캔에 대한 지시문을 준다. 청소년 참가자들은 마음을 신체의 각 부위로 옮겨가도록 지시를 받는다. 여기서 목표는 의도적으로 신체의 각 부위에 번갈아 가며 주의를 기울이면서 그 순간 그 부위에서 나타나는 실제적인 신체 감각을 탐색하는 것이다. 바디 스캔을 하는 동안, 몸의 특정 부위로 주의를 집중하고, 다른 부위로 주의를 돌리기 전에 잠깐 동안 의식을 유지하고 그 부위를 '놓아 버리도록' 한다.

처음에 청소년들은 몸에서 감각을 느끼는 것이 어려울 수 있다. 특별히 몸의 감각을 느끼는 것이 어렵다면 바디 스캔을 하는 대신, 신체 활동을 시키는 것이 좋다. 동작, 움직임이 들어간 활동을 곁들이면 쉽게 지루해하거나 안절부절못하는 청소년들에게도 도움이 될 수 있다.

움직임에 기반한 신체 활동은 침묵 속에 앉아 있거나 누워 있는 것을 힘들다고 느끼기 쉬운 트라우마, 불안, 우울증 및/또는 주의력 문제를 가진 아이들에게 쉬운 닻(anchor) 역할을 할 수도 있다. 이러한 이유로, 움직임은 정서조절이 어려운 청소년들로부터 시작하기가 좋다. 게다가, 몸을 인식하는 것은 청소년들이 감정의 생리적 표현을 식별하는 데 도움이 될 수 있다. 불편한 생각이나 충동적인 행동으로 변하기 전에 강한 감정을 가지고 있을 수 있다. 이때 움직임은 또한 아이들의 일반적인 정신건강과 인지 기능을 향상시키는 데 도움이 될 수 있다.

집중이 잘 안 되면 부드럽게 눈을 감고, 왼손을 배 위에 놓고 오른손을 심장 위에 올려 달라고 지시한다. 처음에는 청소년들이 몸에서 감각을 느끼는 것이 어려울 수 있다. 누워서 한다면 베개로 머리를 받치고 배에 책을 얹게 해서 숨을 쉴 때마다 책이 오르락내리락하는 모습을 관찰하게 하는 것도 효과적이다. 추가적인 시각 및 감각 입력도 신체 감각에 주의를 집중시키는 데 도움이 될 수 있다.

각 호흡 친구가 각 호흡과 함께 위로 올라가고 각 호흡과 함께 아래로 움직이는 것을 주의 깊게 지켜볼 수 있도록 한다.

마음챙김 움직임

1. 먼저, 맨발이나 양말을 신고 엉덩이 너비 정도로 두 발을 벌리고, 다리를 살짝 구부리고, 두 발을 평행하게 하고 일어서라.
2. 숨을 들이쉬면서 천천히 그리고 조심스럽게 팔을 옆으로 들어 올려 바닥과 평행이 되게 하라. 숨을 내쉰 후, 두 손이 머리 위에서 만날 때까지, 다음 숨을 들이쉬면서 천천히 그리고 조심스럽게 팔을 들어 올리고 나서 뻗은 상태로 유지하라. 팔을 위로 올리고 머리 위로 들고 있는 동안 계속해서 근육의 긴장감을 알아차리고 느껴 보라.
3. 자연스럽게 숨을 들이쉬고 내쉬면서, 손가락 끝은 부드럽게 하늘을 향해 밀고, 발은 단단히 바닥에 붙이고 위쪽으로 계속해서 늘려라. 발과 다리에서부터 등, 어깨를 지나서 팔과 손과 손가락으로 통하는 모든 근육과 관절이 팽팽하게 당겨지는 느낌에 주목하라.
4. 자유롭게 숨을 들이쉬고 내쉬면서, 신체 감각과 감정에 변화가 있음을 알아차리면서 스트레칭 자세를 유지하라. 긴장감이나 불편감이 증가한다면 그 감각을 받아들여 보라.
5. 마치 손이 닿지 않는 나무 열매를 따는 것처럼, 손을 교대로 한 쪽씩 들어 올려 스트레칭하면서 몸과 호흡의 감각을 완전히 알아차려라. 팔을 쭉 뻗어 올릴 때 반대쪽 발꿈치를 바닥에서 살짝 들어 올리며 호흡과 쭉 뻗은 손에 어떤 일이 일어나는지 살펴보라.
6. 그리고 팔을 내리고 잠시 동안 서 있는 자세로 머물러 있어라.

신체 활동이 왕성한 청소년들에게 가만히 누워서 혹은 앉아 있는 상태로 머리에서부터 발끝까지 몸의 감각을 알아차리는 연습은 힘들 수 있다. 만일 안절부절못하는 것을 알아차린다면, 그 활동이 약 3분 정도 있다가 끝날 것이라는 것을 미리 알려 주는 것이 좋다. 마음과 몸이 차분해지면 시간을 늘려서 최대 5분, 최대 10분, 최대 15분까지 연장할 수 있다.

신체 마음챙김은 대부분 편안하게 여겨지지만 때로는 극도로 불편하거나 정서적으로 고통스러운 반응을 유발할 수 있고, 때로는 치료가 필요한 수준까지 오를 수 있다는 사실을 인지하는 것이 중요하다. 트라우마나 학대 전력이 있는 아이들은 신체 활동에 가장 취약하고 바디 스캔을 고통스럽게 경험할 가능성이 높다. 이것은 특히 학대가 신체적 혹은 성적 문제와 관련이 있다면 더 그럴 수 있다. 정신적 충격을 받은 청소년들은 자신의 신체 감각에 완전히 둔감해지거나 과민해지는 경향이 있다. 따라서 이런 문제가 있는 청소년의 경우 바디 스캔을 무리하게 실시하지 않는 것이 좋다. 또한 활동적인 청소년들의 경우 바디 스캔처럼 한자리에 누워서 혹은 앉아서 하는 활동에 지루함을 느낀다면 마음챙김 걷기가 적합할 수 있다.

(2) 마음챙김 걷기

정적인 바디 스캔보다는 닌자처럼 조용히 걷거나, 얼음 위를 걷거나, 다른 사람이 되는 척하면서 조심스럽게 걷는 것도 마음챙김 활동을 재미있게 만들 수 있다. 천천히 걷는 것과 더 빨리 걷는 것 사이에서 서로 다른 속도로 실험해도 흥미롭다. 특히 긴장이나 분노와 같은 강한 감정 상태에 있을 때 누운 상태에서 몇 분 동안 마음챙김을 연습하는 것이 청소년들을 빨리 진정시키고 자신의 반응에 선택권이 있음을 기억하게 하는 데 도움이 될 수 있다. 자세를 바꾸는 것만으로도 감정적으로 느끼는 방식을 바꿀 수 있다. 몸을 세세하게 느끼는 바디 스캔이 어렵다면 그냥 몸을 전체로 느끼고 얼굴에 온화한 미소를 지으면서 숨을 부드럽게 들이쉬고 내쉬게 하는데, 숨이 움직이면서 몸에 있는 감각들에 주의를 기울이기 쉽다. 몸의 각 근육이 풀리는 것처럼 느끼면서, 그때 경험하는 불편한 감정과 감각을 내려놓게 하면 모든 감정들이 몸에서 낮아지고 바닥으로 가라앉을 때 조용히 사라질 수 있다. 주의를 들숨, 날숨과 미소에만 집중하게 한다.

마음챙김 걷기 지시문

준비가 되었을 때, 천천히 몸의 무게를 한쪽 다리로 옮기기 시작하라. 어느 쪽을 선택하든 상관없다. 체중을 반대 다리로 옮길 때, 몸에서 나타나는 모든 움직임과 다른 감각들에 주의를 기울여라. 체중을 지탱하는 다리가 아닌 반대 다리에 주의를 집중하라. 종아리 근육의 감각을 느끼면서 발뒤꿈치를 천천히 들어 올린다. 이 움직임이 발과 발가락에서 어떻게 느껴지는지 알아차려 보라. 발가락만 땅에 닿을 때까지 다리를 계속 들어 올리고 천천히 이 다리를 앞으로 움직이면서 공기를 가르는 느낌을 느껴보고 다시 발을 조심스럽게 바닥에 내려놓아라. 발뒤꿈치를 먼저 내려놓고, 천천히 발의 나머지 부분을 바닥에 내려놓아라.

(3) 착지법

강하고 불편한 생각들로 가득 차 있을 때, 발에 집중하는 것이 마음을 안정시킬 수 있다. 이를 착지법(grounding technique)이라고 한다. 특히 착지법을 적용할 때 발에 초점을 두는 이유는 발은 머리에서 가장 먼 곳이기 때문에 머릿속의 생각에서 벗어나 발로 의식을 집중하게 하면 불안하거나 불쾌한 생각의 순환이 끊어지고 빨리 진정되기 때문이다. 발에 어떤 감각이 있는가? 양말과 신발을 느끼고 있는가? 어떤 질감을 알아차리고 있는가? 바닥이 단단하거나, 부드럽거나, 푹신한지 감지할 수 있는가? 발이 따뜻하거나 건조한가? 차가운가, 따뜻한가? 신발이 꽉 끼거나, 헐렁하거나, 발 윗부분이 바닥과 다르게 느껴지는가? 발가락과 발뒤꿈치는? 발 안쪽이 바깥과 다른 느낌이 드는가? 왼발은 오른발과 다른 느낌이 드는가? 마음의 눈을 이용하여 발의 모든 다른 감각을 탐구하게 한다.

이 활동은 특히 감정적으로 과민반응이 있거나 충동조절에 어려움을 겪는 청소년들에게 도움이 된다. 감정조절과 충동조절의 문제를 가진 아이들, 일상적 스트레스나 불안을 가진 많은 아이들, 또는 까다로운 환경에 사는 청소년들은 다음에 무엇을 할지 선택하기 전에 먼저 강한 감정과 충동을 관리하는 재미있고 유용한 방법을 배울 수 있다.

하루를 보내면서 발에 의식을 모으는 연습을 하면 생각이 혼란스럽거나 거슬리거나 불편한 감정이나 생각을 경험하고 있을 때 머리가 맑아질 수 있다. 언제 어디서든 발을 느낄 수 있고, 연습을 하면 할수록 그런 성가신 생각 및 감정과 친구가 될 수 있다. 착지법은 마음이 산란할 때 발을 대지에 굳건히 내리게 해 줌으로써 몸의 무게 중심을 머리에서 발밑으로 내려오게 하여 진정시켜 준다.

몸의 감각을 인식하는 것은 매우 편안하고 잠재적으로 치유될 수 있는 마음챙김 연습이 될 수 있다. 몸이 편안해짐으로써 마음이 더 편안해지고 삶이 더 편안해진다. 몸속의 감각과 감정을 먼저 인식함으로써 다루기 어려운 감정도 더 다루기 쉬워진다.

몸 전체 혹은 발과 같이 몸의 일부를 마음챙김하면 몸이 순간적으로 어떻게 느끼는지에 주의를 기울일 수 있는 능력을 계발할 수 있다. 정서적 반응 이전에 신체 감각이 먼저 나타난다는 것을 인식하는 것이 불안 같은 부정적인 감정을 다루는 데 도움이 된다. 예컨대, 불안이 인식되기 전에 목에 덩어리가 생기거나, 분노가 일어나기 전에 어깨 근육에 긴장이 생길 수 있다. 이러한 감각에 주의를 기울이면 청소년들 자신이 알지 못하는 감정을 포착할 수 있는 기분 변화의 경고 신호에 맞춰 감정을 조절할 수 있다.

(4) 즐거운 활동 마음챙김

즐거운 활동을 하고 기록하는 것은 전통적인 인지치료에서도 중요하게 생각하는 활동이다. 마음챙김 명상 기반 프로그램에서도 즐거운 활동을 마음챙김하는 것은 청소년의 뇌를 바꿀 수도 있는 강력한 활동이다. 앞서 설명한 자율신경계의 배측미주신경(VV)은 머리, 목, 귓속과 연결되어 있다. 그래서 방에 무엇이 있는지 눈으로 살펴보게 하고 소리를 들어 보게 하는 마음챙김 감각 훈련이 배측미주신경을 자극해서 편안하게 지금-여기로 마음을 가져오게 한다. 특히 배측미주신경은 사회적 참여와 관련되어 있어서 집단 상황에서 사회적 단서를 파악하고 미세한 표정을 읽는 능력과 관련이 있다고 한다. 배측미주신경계에 관여하면 타인과 안전감을 갖고 환경에 안착되어 있다는 느낌을 준다고 한다. 마음챙김을 사용하여 배측미주신경이 자극되면 생각, 감정, 내적 신체 감각에 압도당한 십대들에게 특히 안정감을 줄 수 있다. 여기에다가 즐거운 활동이 포함된 사회적 활동은 군집을 이루는 특성이 있는 십대 청소년들에게 연결감, 안정감, 즐거움을 줄 수 있다. 즐거운 활동을 통해 긍정정서가 배양되면 자신에 대해서도, 타인에 대해서도, 그리고 세상에 대해서도 좋은 느낌을 가질 수 있다.

그러나 우울하고 의기소침한 청소년은 즐거운 사건을 찾는 활동을 거부할 수 있다. 우울하면 인지적으로 부정적인 쪽으로 사건을 보려고 하는 편향 현상이 생긴다. 자신에 대해 '난 행복해질 자격이 없어.', 세상에 대해 '내 인생의 모든 것은 좋지 않아.', 미래에 대해서 '좋은 일은 나에게 절대 일어나지 않을 거야.'와 같이 왜곡된 신념을 갖는다. 이와 같은 인지적 부정 편향을 수정하는 간단한 방법은 하루 중에 즐거운 활동 하나를 가볍게 시작하도록 하는 것이다. 집단 활동을 하고 있다면 청소년과 함께 특별한 활동을 찾고 그 활동을 할 날짜와 시간을 정할 수 있도록 브레인스토밍을 하라. 예를 들어, '토요일 오후에 단짝과 가장 좋아하는 영화를 볼 것이다'와 같은 어떤 활동을 시작하기 전에 그 활동을 하면 기분이 얼마나 좋아질지 예측하도록 하고 실제로 활동을 한 후의 기분도 비교하게 한다(10=매우 좋음, 1=매우 나쁨).

활동의 재미를 늘리기 위해 청소년에게 삶 속에서 즐겁고 긍정적인 일들을 찾아내는 탐정이 되도록 제안할 수 있다. 또한 선글라스와 같은 소품을 사용하여 청소년들에게 깨끗한 렌즈로도 보게 하고 색깔이 들어간 안경을 끼게 하여, 상황을 투명하게 보는 것과 색안경을 쓰는 것의 차이를 구분하게 한다. 또한 상황에서 일부러 긍정적인 것을 찾아내게 한다.

다음은 청소년들이 해 볼 수 있는 즐거운 활동 목록이다. 청소년들에게 행복한 순간을 명명하게 하고 행복의 정도를 평정하게 한다(1~10 수준으로 평정).

다음 상황에서 청소년들은……

- 갖고 싶었던 새로운 스마트폰을 선물받았다.
- 좋아하는 아이돌 가수 공연장에 갔다.
- 좋아하는 선생님으로부터 칭찬을 받았다.
- 좋아하는 TV 프로그램을 보았다.
- 공원에서 자전거를 탔다.
- 단짝 친구와 영화를 보러 갔다.
- 엄마, 아빠가 맛있는 음식을 사 주셨다.
- 좋아하는 친구를 집에 초대했다.

즐거운 활동에 대한 마음챙김

이름 ______________ 날짜 ______________

매일 즐거운 활동 한 가지에 대해 마음챙김 인식을 실천해 보자. 즐거운 활동을 할 때의 생각, 느낌, 신체 감각을 이 양식에 기록하라.

사건	생각	감정	신체 감각
예: 공원에서 강아지와 놀고 있는 여자 아이를 보았다	재미있겠다. 강아지도 재미있어 하겠다	행복한, 활기찬	미소 짓고 웃었다
일요일			
월요일			
화요일			
수요일			
목요일			
금요일			
토요일			

특히 마음챙김 기반 신체 활동에서는 즐거운 활동이 몸으로 어떻게 표현되는지 자각하게 하여 기분과 신체 감각이 어떻게 연결되는지 확인할 수 있다. 즐거운 활동을 많이 하면 몸도 가벼워지고 궁극적으로 우리 뇌도 즐거워한다는 경험을 하게 하라. 즐거운 경험은 뇌도 바꿀 수 있다는 것이 요즘 뇌과학자들의 연구에서도 드러나고 있다.

(5) 불쾌한 사건에 대한 마음챙김

하나의 사건에 대해 다양한 감정과 생각을 가질 수 있다는 것을 이해하면, 청소년들은 사건-생각-감정의 고리가 단단하거나 고정된 것이 아니라는 것을 알게 된다. 이 고리는 사람마다 다르고 매일의 기분에 따라서도 다르다. 청소년들이 개인적 경험이 다 다르다는 주관성을 깊이 이해할수록, 과거에는 자동적으로 반응했던 사건들에 새로운 혹은 대안적인 생각과 느낌을 가질 수 있다는 것을 깨닫게 된다.

기분 나쁜 일, 부정적인 사건을 마음챙김해서 그 사건과 연관된 생각, 감정, 신체 감각을 알아차릴 수 있다. 일종의 마음챙김 초점(mindful focus)이라고 할 수 있는데, 초점을 두고 알아차리다 보면 사건 자체보다는 사건에 대한 과잉 해석과 판단이 사건 경험의 본질에 기여한다는 사실을 깊이 알 수 있게 된다. 단순히 관찰하고 초점을 두고 주목하게 되면 일어나고 있는 사건에 대해 일일이 반응적으로 판단하고 그것이 뭔가 다른 경험이 되기를 바라는 것과는 다르다는 것을 알 수 있다. 이를 이해시키기 위해 일상생활 속에서 생각, 판단과 느낌 간의 관련성을 예를 들어 설명해 주는 것이 좋다.

티칭 tip

기분 나쁜 사건을 기분 나쁘게 만드는 것은 무엇일까? 어떤 일이 일어나기를 바라거나 일어나야만 한다고 생각하는 것이 우리가 하는 경험을 즐겁지 못하게 만들지요. 때때로 기분이 좋은 경험도 기분 나쁘게 느끼게 할 수 있고요. 스스로 스트레스나 불행감을 만드는지 알아보려면 우선 일어나고 있는 일에 대한 우리의 생각, 기대와 신념에 주의를 기울이고 사건에 대한 우리의 감정적 반응에 주목해야 합니다. 예를 들어, 우리가 '기분 나쁜' 소리를 들었을 때 무엇이 그 소리를 기분 나쁘게 만드나요? 그 소리가 기대했던 소리가 아니어서 그럴 수도 있고, 아니면 그 소리가 단순히 듣기 싫은 소리일 수도 있습니다. 즐겁거나 기분 나쁜 모든 사건에 대해 알아차리는 연습을 하게 되면 실제로 일어나는 일과 부정적인 생각 등을 가려내는 법을 배우게 됩니다.

어떻게 생각하는가에 따라 거의 모든 사건을 즐겁거나 기분 나쁘게 만들 수 있다는 것을 인식시켜 주는 것이 필요하다. 불쾌한 사건, 안 좋은 사건에 대한 마음챙김을 연습시켜 보는 것도 즐거운 사건, 불쾌한 사건에 골고루 주의를 기울이게 할 수 있다. 다음의 활동지를 참고하라.

불쾌한 사건에 대한 마음챙김

이름 ____________ 날짜 ____________

불쾌한 사건과 관련된 다음의 표를 완성해 보라.

날짜	어디에 있었나, 무엇을 하였나, 지금 무슨 일이 일어나고 있나?	보이는 것, 소리, 냄새, 맛, 감촉은?	앞의 소리를 듣고 느껴지는 생각과 느낌은?	이 경험에서 몸으로 느껴지는 것은?	생각이 어떻게 감정과 행동에 영향을 주는가?
예: 일요일	이른 아침에 침대에 누워 있었다. 커다란 쓰레기차가 내 창문 바로 앞에 멈췄다.	쨍그랑거리고 쓰레기통을 비우려고 두드리는 시끄러운 소리가 들렸다. 쓰레기 냄새가 났다.	화났다! 왜 하필 내 창문 앞에 멈추었지? 토요일인 거 모르나? 이건 불공평해. 모두들 잘 시간이야. 가 버렸으면 좋겠어.	이를 악물었다. 눈을 꽉 감았다. 몸을 뒤척이게 되었다.	화나는 생각은 상황을 바꾸지 못한다. 곧 지나갈 것이라는 사실이 날 진정시키고 다시 잠들게 했다.

(6) 마음챙김 멈추기

현재의 순간을 자각하고 무슨 일이 일어나는지 관찰하는 것을 마음챙김 멈추기(mindful STOP)라고 부른다. 생각은 현실을 그대로 반영하기보다는 과거 경험 혹은 미래에 대한 염려, 걱정으로 왜곡된다. 어떨 땐 강한 감정에 너무 사로잡혀 명확하게 생각하지 못할 수도 있다. 이럴 때 이 순간 무엇이 일어나고 있는지 잠시 멈춰서 관찰할 수 있고 현실을 있는 그대로 자각할 수 있다. 청소년들에게 언제든 STOP을 할 수 있다는 것을 상기시킨다. 이 연습을 할 때 어린 아기 시절 부르던 '즐겁게 춤을 추다가 그대로 멈춰라' 같은 노래를 떠올리면 청소년들이 쉽게 따라 할 수 있다.

- S는 Stop(멈추기): "하고 있던 것을 잠깐 멈춰."
- T는 Take a Breath(호흡하기): "심호흡을 한 번 하자. 들숨에 숨이 들어오는 통로의 모든 감각을 느끼고 날숨에 나가는 모든 길의 감각을 느껴라."
- O는 Observe(관찰하기): "무엇이 일어나고 있는지 관찰하자. 지금 여기서 내 몸의 내부와 외부에서 일어나는 모든 것을 관찰하라. 이 순간 몸과 마음에서 일어나는 것을 관찰하자."
- P는 Plan과 Proceed(계획하고 계속하기): "멈춰서 호흡을 하며 맑아진 마음 상태로 다음에 무엇을 할지 계획하고 계속하라."

일상생활을 하면서 혹은 학교에서 이동 수업을 위해 교실을 옮길 때, 아니면 스트레스 자극에 의해 불안과 화가 올라오는 촉발 순간에 마음챙김 STOP을 사용하도록 격려하라. 중학생이라면 이것을 게임으로 만들 수도 있다. '멈춤' 표지판을 아무 때나 들거나 '멈춤' 표시 리마인더를 교실이나 방 안에 눈에 띄게 해 놓아도 좋다. 마음이 산만해지거나 힘들 때 그 멈춤 표지판을 보면서 마음챙김 STOP을 실천할 수 있다.

7) 지금-여기에 집중하기: 감각 마음챙김

마음챙김 기반 인지치료에서는 지금-여기에 집중하는 활동을 통해 현재 느끼는 감정과 생각, 충동을 다루는 기술을 습득시킨다. 생각이나 걱정이 과거 혹은 미래로 향하더라도, 오감이 닻의 역할을 한다. 왜냐하면 감각은 항상 현재에 일어나기 때문이다. 게다가, 감각 기반 활동은 심한 불안이나 트라우마를 겪은 청소년들이 호흡이나 신체 활동에 어려움을 겪을 때 도움이 될 수 있다. 청소년들은 머리에서 벗어나 현실로 돌아와 삶을 통합할 수 있는 방법으로서 적어도 한두 가지의 활동을 찾아낼 수 있다.

(1) 마음챙김 먹기(미각 연습)

먹기는 별다른 의식 없이 하루에 몇 번씩 하는 행동이므로, 얼마나 많은 시간 동안 자동적 반응 상태로 시간을 보내는지 알 수 있는 매우 유용한 방법이다. 마음챙김 자각을 하면서 먹기를 하면, 일상적인 작은 변화가 매일 조금씩 쌓여 어떤 변화를 가져오는지 이해하는 데 도움이 된다. 마음챙김 먹기 훈련은 경험을 어떻게 변화시킬 수 있는지 이해할 수 있는 첫걸음이다. 그래서 집단으로 하든 개인으로 하든 청소년을 위한 마음챙김 기술훈련에서는 1회기에 먹기 훈련을 시킨다.

마음챙김 먹기와 자동적으로 하는 행동을 비교해서 알려 주는 것이 좋다. 모든 마음챙김 활동을 통해 이루려는 목표는 우선 경험적 이해를 키워 주고, 그다음 지적인 이해를 발달시키는 것이다. 즉, 경험을 통해 몸으로 알고 그다음에 머리로 아는 경험이다. 그런 면에서 볼 때 이 경험은 상향식(bottom up) 경험이라고 볼 수 있다.

① 건포도 명상

건포도 명상은 마음챙김 기반 인지치료나 스트레스 관리 훈련에서 우선 등장하는 훈련이다. 그러나 청소년들은 건포도를 좋아하지 않는 경우가 많아서 필요하다면 초콜릿이나 아몬드, 젤리 등 좋아하는 먹거리로 해 볼 수 있다. 먹을 것을 잠시 쥐고 있게 한 후 지시에 따라서 먹도록 하는 것이 아이들에게는 낯선 경험일 수 있다. 이 활동은 아주 조용하게 해야 한다고 알려 주고, 대신 경험에 대해 이야기 나눌 시간을 나중에 주겠다고 말하는 것이 좋다. 건포도 명상과 같이 먹기 명상을 할 때 미각을 나타내는 다음의 용어를 보여주고 고르게 하면 좀 더 생생한 훈련이 될 수 있다.

마음챙김 미각 훈련 단어

달다, 맵다, 짜다, 담백하다, 바삭하다, 끈적거린다, 씹히는 맛이 있다, 부드럽다, 쓰다, 시다, 퍽퍽하다, 맛있다, 건조하다, 매우 시다, 질기다, 딱딱하다 등

이런 활동을 할 때 맛에 대한 감각 외에도 생각, 느낌, 신체 감각을 다음과 같이 표로 작성하게 해 본다.

사건	맛 설명	생각	느낌	신체 감각
A: 건포도 먹음	달다, 촉촉하다, 맛있다, 쫄깃하다.	진짜 맛있다, 더 먹고 싶다	행복하다, 신난다	입에 침이 고이고, 웃음이 나서 입꼬리가 올라가고, 혀는 입술을 핥고, 배에서 꼬르륵 소리가 난다.
B: 건포도 먹음	끈적거린다, 죽 같다, 쓰다, 말랐다	진짜 싫다, 끔찍한 맛이다	역겹다, 실망스럽다	코가 찡그려지고, 입술을 꾹 다물고, 목이 메고, 속이 안 좋다.

② 추가 질문

- "평소에 먹던 방식과 달랐니? 다르다면 무엇이 달랐니?"
- "건포도를 먹으면서 마음이 어디로 가 있었니?"

- “마음챙김을 하면서 매일 먹기를 실천한다면 어떤 점이 좋을까?”
- “마음챙김 먹기를 하며 자신과 주변에 대해 무엇을 배웠니?”

어떤 청소년은 먹어 보지도 않고 자신이 건포도를 싫어하며 단 하나도 먹기 싫다고 말하기도 한다. 그럴 때는 건포도를 먹으라고 하는 것은 역효과를 낼 수 있기 때문에 아몬드나 초콜릿 등 아이들이 좋아할 만한 것으로 대체할 수 있다. 맛보거나 먹으려고 결정하기 전에 감각을 사용하고, 감정과 생각을 관찰하도록 권유하라. 부정적인 감정적 선입견이나 기대를 실제 경험으로 오해하는 경향을 더 잘 이해할 수 있도록 도와주어라. 만약 싫어함에도 불구하고 결국 건포도를 먹겠다고 결심하였다면 그들은 그 경험이 기대했던 것만큼 나쁘지 않았다는 것을 알게 될 것이다.

마음챙김 먹기는 먹는 동안 씹고, 맛보고, 삼킬 때 느껴지는 각각의 감각과 함께 현재, 매 순간 순간에 머무르는 것이다. 마음챙김 먹기를 실천하기 시작할 때, 먹기 경험에서 마음이 멀어지고 있다는 것을 알아차릴 때 자신을 판단하지 않아야 한다는 것을 기억하게 한다. 대신, 씹고 삼키는 과정에서 느껴지는 맛, 질감과 냄새에 대한 감각으로 돌아가게 하라.

청소년들이 가족과 마음챙김 식사 경험을 나누고 가족들이 한 끼를 온전히 마음챙김하며 먹게 권할 수 있도록 격려하라. 마음챙김 먹기는 의식을 하면서 먹는 것이다. 그릇 위의 음식을 의식하는 것이 아니라 먹는 경험 자체를 의식하는 것을 뜻한다.

(2) 마음챙김 보기(시각 연습)

마음챙김 관련 문헌에서는 모든 고통의 뿌리는 명료하게 보지 못한 결과라고 한다. 이렇게 명확하게 보지 못하게 하는 것은 우리의 생각, 즉 부정확한 믿음, 비현실적인 기대, 만족할 줄 모르는 욕망 같은 것이다. 우리가 보고 있는 것에 생각을 덧붙이면 현실을 직접적으로 지각하고 해석하는 것이 아니라 현실에 대한 인지적 정교화 과정이 일어난다. 그래서 이 생각은 고정된 믿음, 기대, 욕망을 만들어 내고 이런 것들이 다시 우리 지각에 영향을 미친다. 그래서 마음챙김 전통에서는 이런 생각들을 술 취한 코끼리, 야생 원숭이 같다고 표현하기도 한다. 각 경험의 순간은 '순간의 점들'로 구성된다. 이 순간의 점들에는 지각, 감각, 생각, 감정, 충동 등이 포함된다.

> "오늘 우리는 눈과 시각을 통한 마음챙김 탐구 활동을 할 거예요. 마음챙김하면서 물건을 관찰할 때 우리는 책상이나 의자처럼 아주 익숙한 물건들을 다른 방식으로 볼 수 있는 기회를 갖게 될 거예요. 마음의 눈으로 보면 다른 방식으로 볼 수 있어요. 자, 방 안에 눈에 띄는 물건 5개를 골라서 말을 해 보세요. 책상, 컴퓨터, 시계 등 ……."

마음챙김으로 주변의 세계를 관찰할 때 보는 것에 최선을 다해 주의를 기울이게 한다. 다른 감각과 마찬가지로, 실제로 눈앞에 있는 것에 주의를 기울이지 않고 보이는 것에 대해 판단하기가 쉽다.

특히 요즘 청소년들은 언어 표현에서도 '극혐'이라는 말을 쉽게 한다. 대상을 볼 때도 '못생겼다' '이쁘다' 이런 이분법적 생각이 극에 달하는 시기가 이 무렵이다. 그래서 일반적으로 사용하던 생각과 판단을 버리는 방법을 배우는 것이 중요하다. '예쁜', '못생긴' 대상을 자꾸 판단하면서 보는 대신, 있는 그대로의 모습, 형태, 색, 움직임 패턴을 보게 하는 것이다. 마음챙김 보기에서 청소년들에게 가르쳐 주어야 할 것은 보는 것, 생각과 기억이 어떻게 연결되어 있는지 알아차리게 하는 것이다.

마음챙김 시각 훈련 단어

- 모양: 똑바른, 구부러진, 구불구불한, 네모난, 세모난, 동그란, 타원형의, 하트 모양의, 삐죽삐죽한, 날카로운, 선, 모서리, 단단한
- 색: 파랑, 검정, 초록, 빨강, 노랑, 보라, 주황, 남색, 흰색
- 질감: 거친, 부드러운, 울퉁불퉁한, 평평한, 밝은, 무딘, 반짝이는, 부드러운, 딱딱한, 매끄러운

〈추가 질문〉

- "마음챙김의 자세로 본다는 것은 무슨 뜻일까?"
- "우리가 매일 보고 관찰하던 방식과 마음챙김 보기는 어떻게 다를까?"
- "매일의 삶에서 마음챙김 보기를 실천하는 것이 도움이 될까? 그렇다면, 어떻게 도움이 될까?"

싫어하는 사람(부모, 선생님, 친구, 형제자매 등)을 볼 때 '싫다'는 느낌으로만 보지 말고 있는 그대로 보는 연습, 즉 마음챙김 보기 연습을 하면 극혐으로 여겨지던 것들도 무채색처럼 별다른 감정 없이도 볼 수 있게 된다. 물론 말처럼 쉽지는 않다. 그렇기 때문에 비판단적인 마음챙김 보기 훈련이 반복되어야 한다.

(3) 마음챙김 접촉(촉각 연습)

촉감을 사용한 마음챙김을 연습할 때는 시작하기 전에 촉감에 대한 관찰 어휘와 판단 어휘를 알아본다. 이때 판단하는 것은 나쁜 것이 아니나 어떤 판단은 자꾸 부정적인 판단으로 흘러가서 기분을 나쁘게 할 수 있음을 설명한다. 높은 난간에서 뛰어내리면 얼마나 아플지 생각해 보는 것도 도움이 된다. 어떨 때 판단은 우리를 안전하게 지켜 주기는 하지만 어떨 때는 지나친 감정 낭비와 부정적 사고의 과잉을 갖고 올 수 있다.

"여러분이 손가락으로 각 물건을 만질 때 맨 처음 드는 생각과 감정적 반응에 주의를 기울이세요. 그 후에 손가락의 감각에 주의를 집중하세요. 느껴지는 감각을 어떻게 묘사할지 생각해 보세요. 부드러운가? 딱딱한가? 뾰족한가? 거친가? 따뜻하거나 차갑거나 젖어 있거나 말라 있는가? 얼마나 무거운가? 이러한 모든 감각을 어떻게 묘사할 것인가? 어떤 묘사 단어를 쓸 수 있을까? 생각, 느낌, 기억, 두려움이나 판단이 떠오르면 그냥 그것을 알아차리고 다시 만지는 경험으로 주의를 되돌려 보세요."

다음과 같은 표를 사용하여 활동 시 생각, 느낌, 신체 감각, 판단을 기록할 수 있다.

사물	설명	생각	느낌	신체 감각	판단
사물 A. 껍질 깐 포도	미끄러운, 끈적거리는	엄마가 이런 거 절대 못하게 할 거야	신난	손이 미끄럽다	재밌지만 이상하다

〈추가 질문〉

- "마음챙김 접촉은 무엇을 뜻하나? 일반적으로 물건을 만지는 것과 어떻게 다를까?"
- "물건에 대한 우리의 생각, 느낌, 기억은 그 순간 물건을 만지는 실제의 경험에 영향을 줄까?"
- "마음챙김 접촉은 우리가 세상을 경험하는 방식을 바꿀 수 있을까? 그렇다면 어떻게?"

(4) 마음챙김 듣기(청각 연습)

이른 아침은 마음챙김 듣기를 실천할 좋은 기회이다. 일어나서 휴대전화를 보거나 TV를 켜는 대신, 몇 분 동안 가만히 누워서 듣는 것만 해도 마음챙김 듣기 능력을 기를 수 있다. 시골이라면 주변에서 새나 동물들이 깨는 소리를 듣거나 생활 소음, 소리를 들을 수 있을 것이다. 도시의 아파트에 산다면 쓰레기차나 자동차 소리, 배달 오토바이 소리 등을 들을 수 있을 것이다. 어디서든 건물 내부의 말소리, 건물 외부의 발소리나 문이 열리고 닫히는 소리를 들을 것이다. 작은 소리에 귀 기울여 보면 벌레가 윙윙 거리고, 고양이가 가르릉 대고, 열린 창문 사이로 바람이 나뭇잎을 스치고, 강아지가 방을 가로질러 걷는 조용한 발자국 소리가 들릴 것이다. 한 가지 소리를 마음챙김하여 듣는 연습을 하는 것이 좋다.

다른 사람들이 말할 때도 말하는 단어나 내용에 집중하지 않고 마음챙김 듣기를 실천할 수 있다.

소리 마음챙김

1. 어느 정도 안정적이라고 느껴질 때까지 전에 설명한 호흡과 몸에 마음챙김을 연습하라.
2. 자각의 초점을 신체 감각에서 듣는 것으로 옮겨라. 주의의 초점을 귀에 두고 주의를 열고 확장하여 어떤 것이든 간에 소리가 나는 그대로 받아들일 수 있도록 하라.
3. 일부러 소리를 찾거나 특정 소리에 귀를 기울일 필요는 없다. 대신 가능한 마음을 열고 모든 방향에서 오는 소리를 있는 그대로 알아차리면서 받아들이도록 하라. 가까운 곳의 소리, 먼 곳의 소리, 정면, 뒤 혹은 옆에서 나는 소리, 위 혹은 아래에서 나는 소리를 알아차려 보라. 분명한 소리와 미묘한 소리, 소리 사이의 공백을 알아차리고, 침묵을 알아차려라.
4. 소리를 가급적 단순한 감각으로 자각하라. 만일 소리에 대하여 생각하

고 있다는 것을 알아차리게 되면 그 의미나 암시보다는 가급적 소리의 감각적 특성(소리의 고저의 패턴, 크기, 지속시간 등)을 직접 자각하도록 하라.

5. 준비가 되면 소리에 대한 자각을 그대로 놓아두고 주의를 다시 마음에 일어나는 현재의 사건으로 돌리도록 한다. 소리와 함께하면서 어떤 소리가 나든 소리가 나서 퍼지고 사라지는 것을 알아차리면서 주의를 옮겼던 것처럼 마음의 공간 내에 어떤 생각이 지나가고 결국 사라지는지에 주의의 초점을 맞추어라.

출처: Segal et al. (2006)에서 발췌.

〈추가 질문〉

- "마음챙김 듣기는 무엇을 뜻하나? 일반적으로 듣기와 어떻게 다를까?"
- "소리는 우리가 세상을 경험하는 방식을 바꿀 수 있을까? 그렇다면 어떻게?"

사람들은 모두 다르기 때문에 같은 소리 혹은 음악에 대해 서로 다른 감정 반응과 생각이 많이 나온다. 이 탐구 활동의 목적은 생각과 느낌에 대한 청소년의 이해를 깊게 하고, 같은 소리, 음악에 대해 얼마나 폭넓은 감정적 반응이 나타날 수 있는지 이해할 기회를 찾는 것이다. 기억과 이미지는 강하기 때문에 소리를 들을 때 '지금 여기'에 대한 마음챙김을 하는 것을 방해할 수 있다.

(5) 후각 마음챙김

후각 마음챙김은 그 순간 생각을 알아차리고 기억, 신념과 기대가 어떻게 냄새 경험을 바꿀 수 있는지 알 수 있게 해 준다. 후각을 통한 마음챙김 연습은 자동적으로 반응할 때에는 종종 깨닫지 못했던 주변 환경을 있는 그대로 알아차리게 해 준다.

냄새/향기/악취가 주변 환경에 너무 많이 퍼져 있어서 아주 좋을 때나 아주 싫을 때만 인식할 수 있다는 면에서 냄새를 맡는 경험은 음악을 듣는 것과 비슷하다. 약한 향기는 종종 놓치게 된다. 독서실에서 나올 때 밤 공기 냄새를 알아차릴 수 있나? 혹은 교실의 분필 냄새는? 냄새가 강한 식사 시간조차, 식사하기 전에 그릇에서 퍼져 나오는 향기 전체를 얼마나 자주 알아차리는가? 서로 다른 냄새를 다른 장소가 아닌 다른 시간대에 알아차리는가?

냄새는 기억에 남아 감정과 강하게 연합된다. 이러한 연합은 긍정적일 수도 부정적일 수도 있다. 후각을 관찰하다 보면 어떤 판단으로 직행하게 한다. 예컨대, 어떤 냄새들은 즉시 즐겁거나 좋은 것으로 명명되고 어떤 것들은 나쁜 것으로 명명된다. 냄새에 대한 마음챙김 연습의 목적은 냄새를 냄새 그 자체로 경험할 수 있도록 하기 위함이다. 이를 통해 냄새를 판단하는 것은 냄새를 경험하는 것과 다르며 내적인 판단이 경험에 얼마나 강한 영향을 주는지 알 수 있다. 이 활동에서 냄새 자극과 그것에 대한 청소년들의 반응의 차이를 탐구하고 생각과 감정이 감정 경험에 어떻게 기여하는지 이해시킨다. 특히 냄새를 통해서 경험에 대해 얼마나 습관적으로 무의식적으로 판단하고 있는지 알아차리게 한다.

> "오늘 우리는 후각에 대한 마음챙김을 탐구할 거예요. 각 통에는 다른 향이 있고 여러분이 맡을 수 있게 넘겨 줄 거예요. 냄새를 맡을 때 그것을 다른 사람에게 어떻게 설명할 수 있을지 생각해 보세요. 강한가? 매운가? 달콤한가? 냄새를 맡을 때 어떤 신체 감각이 느껴지나요? 그 냄새가 눈, 입, 볼에 어떻게 나타나나요? 이 감각을 어떻게 설명할 수 있을까요? 이 냄새를 한 번도 맡아 본 적이 없는 화성인에게 설명한다고 가정해 보세요. 어떤 단어를 사용할 수 있을까요? 통 속의 냄새를 맡았을 때 어떤 기억이 마음속에서 떠올랐나요? 냄새에 대한 기억이 있나요? 서로 다른 기억을 가지고 있나요? 그 기억들이 우리가 오늘 이 냄새에 반응하는 것에 영향을 주나요?"

냄새를 맡는 경험은 생각, 판단, 기억과 때로는 강한 감정까지 불러올 수 있는 강력한 힘이 있다. 후각은 가장 원초적인 감각이고 냄새는 현재 순간에서 벗어나 과거의 기억을 쉽게 떠올리게 한다. 오븐 속의 따뜻한 빵은 가정집의 주방을 떠올리게 한다. 특정 향수는 좋든 싫든, 알거나 알았던 사람을 떠올리게 한다. 꽃향기나 달콤한 향 혹은 톡 쏘는 향 그 자체로 경험되는 것보다는 연관 짓고 있는 사람에 대한 생각, 감정과 결합된다. 우선적으로 촉발되는 향기의 질에 주의를 기울이는 대신, 바로 냄새에 대한 판단을 하게 된다.

마음챙김해서 후각을 느끼면 자동조종 상태에서 빠져나와 익숙한 냄새를 마치 처음 맡는 것처럼 해 준다. 이 경험을 통해 좋고 나쁜 경험을 구분하지 않고 그냥 일어나는 대로 알아차리는 것이 중요하다는 것을 인식시킨다.

(6) 마음챙김 듣기와 말하기

다른 사람의 말을 들을 때 사람들은 흔히 자신의 내적 소리에 주의를 빼앗긴다. 마음챙김 듣기와 그냥 듣기의 차이점은 다음과 같다. 우선, 그냥 듣게 되면 듣고 있는 것에 대한 생각, 기억, 신념, 기대, 판단, 비판, 분석이 재빨리 개입된다. 상대의 말을 들으면서 무슨 대답을 할지 계획하며 듣기도 한다. 때로는 상대의 말을 자르고 최대한 빨리 끼어들려고 생각하기도 한다. 이런 일이 대화에서 발생한다면 경청을 하는 것이 아니다. 다른 사람을 경청하는 것은 단순히 그들의 말이 끝나기를 기다리는 것이 아니다. 말을 하고 있는 사람과 연결되어 있지 않을 때 상대가 말하는 것의 많은 부분을 놓치고 상대의 감정이나 말 속의 의도를 오해할 수 있다. 반면, 마음을 챙겨서, 즉 마음챙김 자각을 하면서 듣는다면 듣고 있는 것에 완전히 집중할 수 있고 다른 사람이 말하는 것에 대해 어떤 단정이나 고정관념이나 내적 신념을 내려놓고 넓은 마음으로 들을 수 있다. 마음을 챙기면서 고요하고 조용한 공간에 앉아 다른 사람이 말하는 모든 것을 듣기 위해 마음을 열어 두어야 한다.

다른 사람의 말을 주의 깊게 듣고 존중하면 다른 사람의 관점에서 상황을 이해하는 것이 더 쉬워진다. 진정으로 듣고 기억하려면 마음이 차분하고 개방적이고 각성되어야 하고 수용적이어야 한다. 마음챙김 듣기 실천을 통해 다른 사람과 진정으로 함께할 수 있다.

깊이 듣는 연습을 위해 집단 작업으로 둘씩 짝지어 서로 마주 보고 앉도록 한다. 먼저 말하고 싶은 사람이 먼저 말을 시작한다. 두 번째 활동에서는 순서를 바꿀 것이기 때문에 모든 참가자들이 듣기와 말하기의 두 가지 관점을 모두 경험할 수 있다. 활동 후 청소년에게 다음의 질문을 해 보자.

- "너에게 의미 있는 것은 무엇이니? / 무엇이 너에게 중요하니?"
- "무엇이 너에게 큰 행복을 가져다주니?"
- "너의 희망과 꿈은 무엇이니?"

이 활동이 마음챙김 말하기와 마음챙김 듣기 모두를 위한 실천이라는 점을 명확하게 한다. 들을 때, 그냥 듣는 것과 온전히 마음챙김 인식을 가지고 듣는 것이 어떤 것인지 관찰하는 연습을 할 수 있다.

한 사람은 질문하고 다른 한 사람은 대답할 때 듣는 사람은 주의를 기울여 듣기만 하고 고개를 끄덕이기만 하고 말은 하지 않도록 한다. 이번에는 역할을 바꿔서 반복한다. 활동을 3분 정도 지속한다. 청취자에게 화자의 말에 반응하지 말고 마음챙김 집중(mindful attention)을 하면서 듣기만 하라고 알려 주는 것이 좋다.

〈활동 후 질문〉

- "짝꿍의 말을 조용히 듣기만 하는 것이 어땠니?"
- "짝꿍의 말을 들을 때 주의가 흐트러지는 것을 느꼈니?"
- "짝꿍이 말하는 것에 대답하고 싶다는 것을 느꼈니?"
- "듣는 동안 어떤 생각을 했니?"
- "다른 사람의 말을 듣는 동안 가만히 있다 보면 몸에서 어떻게 느껴졌니?"
- "다른 사람이 너의 말을 아주 주의 깊게 듣는다는 것을 알았을 때 기분이 어땠니?"
- "상대가 말한 것에 대해 판단하거나 비판하고 싶은 마음이 들었니?"
- "짝꿍의 바디 랭귀지, 호흡, 목소리 톤, 듣기, 말하는 속도에서 무엇을 알아차렸니?
- "짝꿍과 더 가까워진 느낌이 들었니? 그것은 어떤 느낌이니?"

수줍음이 많고, 사회적으로 불안하거나 우울한 청소년들도 일반적으로 이렇게 짝을 지어 듣기 활동에 참여할 수 있지만, 일부 청소년들은 큰 그룹에서 자신의 경험을 나누는 것이 좀 불편할 수 있다. 억지로 듣게 하기보다는 집에서 과제를 내주어 해 보게 하는 것도 도움이 된다.

다른 사람의 말을 경청하려면 말하려는 것을 멈추고 자연스럽게 호흡하면서 의견, 판단을 가라앉히고 단순히 듣기만 하면 된다. 무는 말을 하는지 정말로 들어 주는 태도가 중요하다는 것을 강조하는 것이 좋다. 이때 다른 것에 대한 생각이 떠오르거나 상대방의 말에 코멘트를 해 주고 싶은 마음에 주의가 흐트러지면 생각을 부드럽게 흘려보내고 다시 말하는 사람에게 주의를 기울이도록 지시한다. 말과 함께 전달되는 이면의 감정에도 귀를 기울이게 해 본다.

8) 생각과 감정 마음챙김

아무리 노력해도 생각을 조절할 수 없을 때가 많다. 부정적인 생각의 고리에 갇힌 청소년들의 경우에 더더욱 그러하다. 생각하는 모든 것을 믿을 필요는 없다는 것을 기억할 필요가 있다. 마음챙김을 실천할 때 가장 먼저 배우는 것 중 하나는 우리의 마음에서 일어나는 일을 우리가 통제할 수 없다는 것이다. 마음챙김 연습은 생각을 멈추거나 바꾸는 것이 아니다. 대신, 마음챙김이 우리가 무엇을 생각하는지 알도록 도와준다는 것을 기억하는 것이 좋다.

(1) 마음챙김 호흡 공간 알아차리기

생각이 나타나면 느낌이 따라온다. 그러한 생각들과 느낌은 말과 행동에 영향을 준다. 많은 경우, 이런 과정이 일어나는 것조차 깨닫지 못한다. 앞에서 언급하였듯이 이것을 자동적 반응 상태라고 부른다. 생각을 보는 연습을 할 때 우리는 습관화된 많은 패턴을 발견할 수 있고. 이러한 생각의 패턴이 얼마나 정확한지, 도움이 되는지 깨달을 수 있다.

생각을 멈출 수는 없지만 그것을 다르게 볼 수 있는 방법은 있다. 그것이 생각 마음챙김이다. 마음챙김 호흡을 몇 번 하는 것만으로도, 일어나는 일과 그것에 대한 반응 사이의 공간을 발견할 수 있다. 이것을 마음챙김 호흡공간(breathing space)이라고 한다. 호흡공간을 알아차리면서 호흡을 계속하다 보면 과거와 똑같은 방식으로 반응할 필요가 없다는 것을 배울 수 있다.

(2) 생각은 생각일 뿐이다

또한 생각이 때로는 여기에서 실제로 일어나는 것과는 큰 관련이 없다는 것도 알 수 있다. 잠시 물러나 스스로에게 "그것은 그냥 생각이나 느낌일 뿐이야. 진실이 아니야."라고 말할 수 있는 충분한 시간을 가질 수 있게 된다. 생각을 단단하고 영원한 것으로 보는 대신, 하늘에 떠 있는 구름처럼 바라보고 떠나보내는 것을 실천하는 것이 중요하다. 생각은 우리가 사실이라고 믿을 때만 우리를 통제한다. 실제로 모든 생각은 생각일 뿐이다.

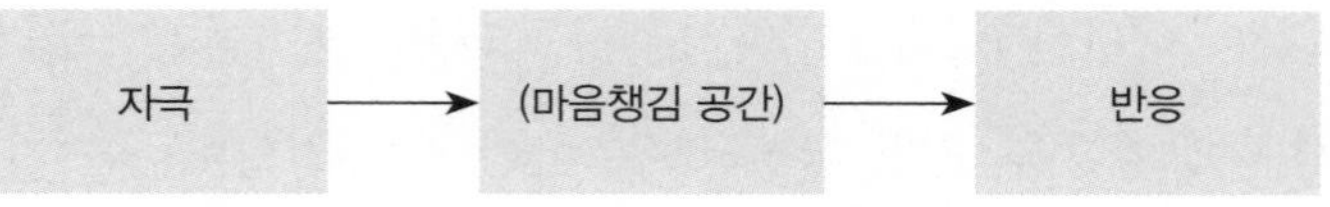

'생각은 사실이 아니다.' 이 문구는 기존의 마음챙김 기반 인지치료와 마음챙김 기반 치료법의 가장 확연한 차이점이라고 볼 수 있

다. 마음챙김 기반 인지치료에서는 생각에 대한 관점을 달리 보게 한다. 호흡을 하면서 생각의 내용을 억지로 바꾸려고 하기보다는 생각의 과정을 지켜보게 하면 행동을 바꿀 수 있는 통찰이 생긴다. 생각이 지각을 왜곡시키고 정서를 유발하며 사건을 해석하는 방식에 영향을 준다는 것을 알아차리면 부정적인 생각의 연결고리를 끊을 수 있다. 어떤 생각과 감정은 매우 습관적이고 조건화된 반응이며, 실제 사건과 관련이 없는 경우도 많다. 그리고 생각은 일시적인 특징이 있다. 어떤 생각은 끊임없이 그리고 집요하게 올라오기는 하지만 결국 사라지게 된다는 것을 알게 되면 붙들고 매달릴 필요가 없다는 것도 알게 된다. 이런 통찰이 생기면 생각과 부적절한 행동 그리고 감정 사이의 공간을 만들 수 있다. 여기서 공간을 만든다는 것은 여유가 생긴다는 의미이다. 그러면 생각이 감정과 행동에 휘두르는 영향력을 줄일 수 있다.

〈추가 질문〉

- "어떤 생각 패턴을 알아차렸니?"
- "생각은 강렬했니? 아니면 약했니?"
- "이 생각 저 생각들이 많았니, 아니면 별 생각이 없었니?"
- "생각의 내용이 아니라 생각이 어떻게 일어나고 사라졌는지 말해 보자."

(3) 판단에 대한 마음챙김

마음챙김을 수행하려면 습관적으로 하는 모든 판단을 알아차리고 내려놓아야 한다. 마음챙김을 연습하면, 주변 사람들과 사건에 대한 호불호를 결정하는 습관적인 반응을 중단할 수 있다. 이렇게 되면 판단을 덜 하게 되고 일어나는 일을 있는 그대로 볼 수 있다. 판단에 대해서 더 주의를 기울이는 연습을 하게 되면 일어나는 모든 판단적 생각을 알아차리고 흘려보낼 수 있다. 계속해서 주의를 관찰하는(생각, 감정, 신체 감각) 연습이 중요하다. 마음챙김은 판단하는 마음을 알아차리고 상황을 있는 그대로 수용하는 것을 강조한다. Tara Brach(2004)는 '근본적인 수용'이라는 표현을 사용하면서 판단을 내려놓고 바뀔 수 없는 것을 온 마음을 다해 기꺼이 받아들이는 수용은 정서적 · 심리적 웰빙의 필수 구성요소라고 하였다.

(4) 비판단적 수용

판단 없이 경험을 있는 그대로 수용하면 걱정, 슬픔, 비열하거나 화나는 생각과 감정들을 쉽게 흘려보낼 수 있다. 경험을 받아들이는 것이 삶 혹은 일상에서 일어나는 모든 것을 좋아하라는 것은 아니다. 수용이란 이 사건이 일어났다는 것을 단순히 인식하는 것을 의미한다. 수용한다고 해서 불쾌한 일이나 힘든 생각, 느낌을 경험하지 않겠다는 것을 의미하지 않는다. 다만, 더 능숙하게 반응하는 방법을 결정하기 전에 그것으로부터 한 걸음 물러나 거리를 두고 관찰할 수 있는 좋은 태도를 갖는 것을 뜻한다. 경험에 저항하거나 그것을 거부하려 시도하는 것은 현실을 바꾸지도 못하고 더 많은 고통을 초래한다. 마음을 챙겨 지금 여기를 자각하다 보면 무의식적 자동조종 상태에서 행동하던 나쁜 습관에서 벗어날 수 있다. 또한 스스로에게 더 친절하고 수용적인 태도로 경험을 있는 그대로 바라보는 힘을 길러 줄 수 있다.

(5) 감정은 감정일 뿐이다

마음챙김 기반 인지치료는 감정에 대해서도 다르게 접근할 수 있도록 도와준다. 기존의 인지치료에서는 부정적인 감정을 찾아내서 그 감정에 선행하는 생각을 찾아내고 바꾸는 것이 목적이었다. 하지만 마음챙김 기반 인지치료에서는 감정에 수반되는 생각, 신체 감각을 탐구하고 수용하는 것부터 시작한다. 생각이 사실이 아닌 것처럼 감정 자체도 순간적으로 일어났다가 사라지는 특성이 있기 때문에 붙잡고 있을 필요가 없다.

감정을 더 잘 알아차리고 그 감정에 대한 행동적 반응을 스스로 관리할 수 있는 능력은 청소년들이 심리적 안녕감을 유지하는 데 반드시 필요하다. 느낌, 감정을 세세하게 식별하고 조절할 수 있는 능력이 다양한 환경에서 효율적으로 기능할 수 있도록 도와준다. 이것은 특히 감정 기복이 심한 청소년들에게 중요하다. 기질적으로 감정에 쉽게 압도당하는 청소년들은 강한 감정으로 유발되는 행동을 조절하는 능력이 부족하기 때문에 감정의 소용돌이에 빠진다. 그래서 학교에서 친구들과 어울리거나 집에서 부모와 상호작용할 때 여러 가지 어려움에 직면한다. 이때 감정 마음챙김은 청소년이 삶에서 느끼는 사건과 감정 사이의 연결을 인식할 수 있게 해 준다. 생각, 느낌과 신체 감각, 행동적 반응은 연쇄적으로 연결되어 있다. 자동적 반응 상태로 굳어지면 평상시 이것을 자각하지 못하지만 마음챙김을 하게 되면 습관화되거나 과잉 조절된 감정 반응이 종종 강한 감정을 일으킨다는 것을 알 수 있다.

일단 자신의 감정 상태를 더 잘 인식하게 되면 행동유연성이 생긴다. 감정 마음챙김 활동을 할 때 청소년들이 자신의 정서와 정서적 경험을 잘 표현할 수 있게끔 안전감을 주는 분위기를 조성해 주어야 한다.

티칭 tip

감정에 이름 붙여 주기(affect labeling)

건강한 청소년들은 자신의 감정과 잘 접촉한다. 자기 감정을 잘 식별하고 수치심이나 당혹감을 느끼더라도 감정을 있는 그대로 경험하려고 한다. 감정 마음챙김을 할 때는 순간순간 느끼는 감정을 단어로 표현하고 감정의 강도도 숫자로 표현하게 한다. 흔히 다음과 같은 감정 단어를 사용하거나 감정 목록을 준 다음에 고르게 할 수도 있다.

- 감정 단어 목록: 행복, 만족감, 슬픔, 고통, 분노, 공포, 질투, 죄책감, 수치, 짜증, 슬픔, 외로움, 불안감, 불편감, 감사, 흥분, 압도당함, 희망 등

마음챙김 활동을 통해 청소년들은 감정이 어떻게 변하는지 잘 인식할 수 있다. 감정의 자동적 반응 상태에 있을 때 청소년들은 일반적으로 다음의 세 가지 방식으로 강렬한 감정을 다루는 경향을 보인다. 첫째, 멍한 반응이다. 멍해지면 경험에 무감각해지거나 습관화되어 그 감정에 관여하지 않으려고 하고 감정의 마비, 억압을 초래할 수 있다. 둘째, 행복함, 즐거움, 만족감을 더 오래 느끼고 싶어서 즐거운 경험을 계속 붙잡으려 한다. 이렇게 되면 경험에 집착하게 된다. 셋째, 불쾌한 감정을 피하기 위해 경험을 벗어나거나 없애려 시도하며, 회피하거나 저항하는 마음에 빠진다.

불편하거나 불쾌한 감정을 피하려 시도하는 것은 감정에 대한 자동적 반응 상태인데, 예를 들어 불안한 감정을 피하고자 학교에 안 갈 수도 있다. 화나고 짜증 나는 감정을 피하기 위해 자해와 같은 유해한 자동적 행동에 빠져들 수도 있다. 때때로 즐거운 기분에 더 오래 몰두하기 위해 게임 같은 것에 몰두할 수 있다. 마음챙김은 불편한 감정을 있는 그대로 느끼고 회피하려고 지나치게 애쓰지 않게 도와준다. 또한 행복한 감정에 대해서도 순간순간 잘 느끼고 감사하고 즐기게 해 준다. 궁극적으로는 생각, 느낌과 신체 감각을 잘 알아차리게 해 주며, 감정과 행동을 더 잘 통제할 수 있게 도와준다. 진정한 행복은 즐거운 활동에 집착하거나 탐닉하는 대신, 절제의 가치를 인식하는 데에서 온다. 순간의 행복을 온전히 즐기고 다음 순간으로 넘어가는 법을 배우는 것은 덜 즐거운 느낌을 알아차리고 직면하는 것만큼 중요하다.

〈추가 질문〉

- "느낌을 관찰하는 것과 그것에 사로잡히거나 압도당하는 것은 어떻게 다를까?"
- "감정에 반응하는 다른 방법을 찾을 수 있을까?"
- "어느 정도까지 우리의 느낌을 표현해야 할까?"
- "행복한 순간을 어떻게 더 잘 알아챌 수 있을까?"
- "자신 그리고 다른 사람과 함께 더 행복해지는 데 마음챙김 연습이 도움이 될 수 있을까?"

어떤 느낌도 같은 상태로 지속되지는 않기 때문에 이런 질문을 적절하게 하면서 모든 느낌은 시간이 지남에 따라 변한다는 것을 인식시키는 것이 좋다. 고통스럽거나 힘든 감정이 사라지듯 기쁜 감정도 사라진다. 더 오래 잡아 두려 하기도 하고 빨리 떨쳐 내려 시도하기도 하지만 감정들은 불가피하게 모두 변한다. '어떤 느낌도 영원히 지속되지 않는다.'는 것을 청소년들이 이해할 수 있게 해 주는 것이 중요하다.

청소년을 위한
마음챙김 기술

제3부

불안감을 해소할 수 있는 코알라 프로그램의 실제

앞서 마음챙김 기술을 적용하기 위해서 청소년 발달과 마음챙김 기술의 두 가지 요소인 심리교육과 마음챙김 명상에 대해 기술하였다. 이 장에서는 전통적인 인지치료 기반 심리교육적 요소와 마음챙김 명상을 접목한 프로그램인 '코로 알아 가는 나의 마음(코알라)'을 불안에 적용하여 구성하였다. 실제 상황에서는 청소년들이 느끼는 불안의 정도, 불안의 종류에 따라 다양하게 응용할 수 있다. 불안 이외에도 분노, 우울, 정서조절의 문제, 집중력의 문제 등에도 대상별, 혹은 증상의 정도에 따라 적용할 수 있다. 이 프로그램은 자해나 중독 등과 같은 문제 행동에도 수정하여 적용할 수 있으며 일반 청소년의 건강한 정서 발달을 위해서도 활용할 수 있다. 코알라 프로그램은 학교, 가정, 친구관계, 학업 등의 상황에서 건강한 청소년들에게도 적용해 볼 수 있다. 특히 코알라 프로그램은 기존의 프로그램과 달리 코를 통해, 즉 호흡을 통해 알아 가는 마음훈련을 강조하고 있다. 호흡 기법을 통해 순간의 불안을 잘 알아차리고 그 감정에 압도되지 않고 지금-여기에서의 활동에 좀 더 집중할 수 있도록 돕는 것이 일차적 목적이며, 예방적 차원에서도 적용될 수 있다.

■ **불안으로부터 내 마음을 지키는 코알라 프로그램의 목적**

첫째, 불안에 대해서 알아보고, 불안을 조절할 수 있는 호흡법을 배워 본다.
둘째, 불안할 때 습관적으로 하는 자동조종반응을 알아차린다.
셋째, 지금-여기의 감각에 몰두한다.
넷째, 불안을 유발하는 생각을 알아차리고, 마음을 챙기는 방법을 배운다.
다섯째, 불안한 감정을 알아차리고, 마음을 챙기는 방법을 배운다.
여섯째, 불안을 해소할 수 있는 마음챙김 활동을 활용한다.
일곱째, 자기수용과 자기 친절을 배운다.

■ **프로그램 구성의 원리**

① 청소년들이 자신의 정서, 생각, 행동을 자각하기 위한 안전한 공간을 만든다

마음챙김의 목적은 자신의 정서, 생각, 행동을 알아차리고, 자동조종 장치에서 벗어나 마음을 돌보는 데에 있다. 이를 위해서는 심리적·물리적으로 안전한 공간이 필요하다. 특히 민감하게 자각을 해야 하는 과정들이 있기 때문에 물리적으로도 조용하고, 깨끗하며, 통풍이 잘 되고, 조명이 적당한 장소가 필요하다. 그리고 마음챙김 프로그램을 하는 곳에서 청소년이 자신의 정서, 생각, 행동을 충분히 탐색할 수 있도록 주변이 안전하다고 느낄 필요가 있다. 사람들은 자신의 이야기를 수용하고 경청해 주는 환경에서 안전감을 느낀다. 특히 자신이 느낀 감정과 생각을 다른 사람이 경청해 주고 공감해 줄 때, 심리적 유대감과 함께 안정감을 느낀다.

② 마음을 챙기기 위해서 지금-여기에 있어야 한다

과거의 흑역사에 머물러 있기 때문에 우울하고, 미래의 나쁜 일을 생각하기 때문에 불안하다. 우울하고 불안에 매몰되어 있다는 것은 지금-여기에 머무르지 못한다는 뜻이다. 청소년들이 자신의 마음을 돌보기 위해서는 지금-여기에서 자신이 느끼는 감정, 생각, 감각을 민감하게 알아차리고, 지금 자신이 원하는 바람을 알아차리는 것이 중요하다. 마음챙김 훈련과정을 통해 자신의 생각, 감정, 행동을 스스로 알아차리고 조절할 수 있고, 자신의 생활과 삶에 대한 통제력을 회복할 수 있다. 그 시작이 과거도 미래도 아닌 지금-여기임을 청소년들에게 주지시키는 것은 꼭 필요하다.

③ 청소년들이 사랑, 자애, 자기 친절과 같은 긍정정서를 배울 수 있다

청소년들은 아동기의 자기중심성에서 벗어나서 타인에 대한 관심과 사랑 그리고 연민을 느끼는 단계로 점차 발달한다. 삶에 대한 관점이 자신에서 타인으로 확대되면서 청소년들은 다른 사람을 의식하게 된다. 자신에 대한 사랑이 건강하고 충만하다면, 타인의 행동이 낯설기는 하지만 있는 그대로 존중하면서 안전한 관계의 거리를 유지할 수 있다. 마음챙김 훈련 프로그램은 자기 자신을 알아차리고, 자기 자신을 수용하는 것에서 시작한다. 그리고 프로그램 곳곳에서 세상과 생명에 대한 감사, 그리고 자기 자신에 대한 자비, 타인에 대한 연민을 배양하기 위한 활동을 한다. 청소년들에게는 자비 혹은 연민심이 왠지 어렵고, 종교적으로 느껴질 수 있지만, 사실 자기 자신과 주변 사람들을 사랑하고, 주변에 아프고 힘든 사람들이 있으면 안타까워하는 것은 인간의 본성이기도 하다. 그 본성을 일깨우는 활동이 마음챙김 훈련 프로그램에 담겨 있다.

④ 자동조종반응에서 벗어나 불안을 조절하고 자신의 삶에 통제력을 갖는 것에

주안점을 둔다

마음챙김 훈련 프로그램은 지금-여기에서 느껴지는 감각에 대한 자각, 생각 마음챙김, 감정 마음챙김, 마음챙김 활동을 통해 자신을 이해하고 자신의 바람과 가치에 맞는 활동을 할 수 있게 하고 삶의 통제력을 회복하는 것에 주안점을 두었다.

⑤ 마음챙김 기술은 청소년이 현실에서 스스로 할 수 있어야 한다

마음챙김 기술은 현실에서 적용하기 위해 하는 것이다. 청소년이 불안을 경험할 때, 혼자서도 마음챙김 활동을 할 수 있도록 생각 마음챙김, 감정 마음챙김, 마음챙김 활동을 다양하게 제시하였다.

〈불안한 청소년의 마음을 돌보는 코알라 프로그램(예시)〉

회기	단계	주제	목표	활동 내용
1	도입 단계	프로그램 소개 및 마음챙김 호흡	• 라포 형성 • 마음챙김과 만나기 • 자기만의 목표설정	• '찬바람이 불어와' 놀이 • '불안이'를 만나 보자 • 마음챙김 호흡 배우기
2	탐색 단계	불안과 자동조종반응	• 내가 경험하는 불안이 • 불안과 자동조종 반응 찾아보기 • 불안을 극복하기 위해 내가 하고 있는 마음챙김 활동은?	• 불안이 찾아왔을 때 • 불안과 자동조종반응 • 내가 하고 있는 마음챙김 알아보기
3		불안과 신체 감각 자각하기	• 불안할 때 신체 감각을 알아차리기 • 신체 감각을 알아차리게 해 주는 바디 스캔 배우기	• 불안이 찾아왔을 때 내 몸의 감각 알아보기 • 불안한 몸을 알아차리는 바디 스캔 • 불안이 찾아왔을 때 내 몸을 돌보는 신체 마음챙김 활동

4	실천 하기	지금-여기 감각에 몰두하기	• 지금-여기에서 느껴지는 감각 알아차리기 • 모든 감각을 지금-여기에서 자각하기	• 시각 마음챙김 • 소리 마음챙김 • 미각 마음챙김 • 후각 마음챙김 • 촉각 마음챙김
5		불안한 생각 다루기	• 불안을 유발하는 생각을 탐색하기 • 생각 마음챙김을 통해 불안을 조절하기	• 걱정 꼬리 알아차리기 • 걱정을 줄여 주는 대안 생각 • 마법의 주문 만들어 보기
6		불안한 감정 다루기	• 불안한 감정 탐색 • 불안을 조절하는 감정 마음챙김	• 불안이를 그려 보기 • 불안이를 돌보는 감정 마음챙김 • 불안이를 달래 준 후, 내가 알게 된 것들
7		즐거운 활동/불안한 활동	• 내 마음을 돌보는 즐거운 활동을 찾아보기	• 내 마음을 돌본다는 것 • 불안이를 키우는 활동 찾아보기 • 불안 유발 행동 대신, 할 수 있는 대처행동 탐색하기 • 불안이를 줄이고, 나를 즐겁게 하는 활동 탐색하기
8		자기수용	• 수용의 개념을 이해하기 • 나의 강점을 수용하기 • 자기 친절을 배우기	• 수용 이해 • 강점 수용하기 • 나만의 자기 친절 문구 만들기 • 격려와 응원의 롤링페이퍼

*여기서 불안을 '불안이'로 칭하였는데 아이들이 표현하는 용어를 그대로 살려서 사용하는 것이 효과적이다(예: 걱정이, 두근이, 심쿵이 등).

1회기 마음챙김과 만나기

◆ 회기 목표

- 라포를 형성한다.
- 마음챙김 호흡을 배운다.
- 자신의 불안을 점검한다.

◆ 프로그램 내용

청소년기의 불안에 대해 설명하고, 불안을 알아차리고 조절하고 스스로 마음을 돌볼 수 있는 능력을 향상하는 것이 마음챙김 훈련 프로그램의 목적이라는 것을 설명한다.

〈지도자 멘트〉

"아직 일어나지 않았지만 왠지 좋지 않은 일이 일어날 것 같아 막연히 조마조마하고 불편한 감정을 느끼는 것을 불안이라고 합니다. 마음챙김 훈련 프로그램에서는 불안을 수용하고, 조절하여 나의 바람이 달성될 수 있게 효과적으로 생각하고, 느끼고, 행동하기 위해서 마음을 돌보는 방법을 배울 것입니다. 시작이 반이라고 합니다. 오늘 참여를 시작으로 나의 마음을 돌보고, 나의 삶에 주도권을 가져 봅시다."

1) '찬바람이 불어와' 놀이

집단에 참여하는 청소년들의 긴장을 이완하고, 서로를 관찰하기 위하여 놀이를 실시한다. 의자는 참여자보다 1개 적게 준비하여 원형으로 배치한다. 청소년들은 가위바위보를 하여 이긴 사람이 원형의 한가운데에 서고 나머지 사람들은 자신이 원하는 의자에 앉는다. 가운데 청소년은 나머지 청소년들을 살펴보고, 이들의 특징을 본다. 나머지 청소년들이 "찬바람이 불어와."라고 선창하면 가운데 청소년이 "이런 특징 있는 사람 자리 바꿔."라고 외친다(예: "안경 쓴 사람 자리 바꿔"). 한가운데 있는 청소년은 빈자리에 가서 앉고, 나머지 청소년들 중 해당 특징이 있는 청소년은 자신의 자리에서 일어나 빈자리에 앉는다. 이때 의자를 차지하지 못하는 청소년이 한가운데에 서서 다시 이러한 활동을 실시한다. 3~5회 정도 실시한 후, 활동을 통해 느낀 점을 나눈다.

2) '불안이'를 만나 보자

불안은 막연할 때, 더욱 증폭된다. 그렇기 때문에 청소년들에게 불안을 심상화하는 것은 막연한 불안의 형태를 시각화시켜 좀 더 구체적으로 만드는 효과가 있다. 불안을 구체적으로 다룰 수 있는 형태로 만들면 실체가 느껴지기 때문에 다루기 쉬워진다. 불안을 '불안이' '걱정이' '두근두근이' 등과 같이 객관화시켜 표현하면 모호한 불안 감정이 구체적으로 형상화된다. 청소년에게 직접 물어봐서 불안을 다른 말로 바꾸어 적용해 볼 수 있다. 여기서는 '불안이'라고 표현하기로 한다.

〈지도자 멘트〉

"우리는 편안하지 않은 상태를 불안하다고 합니다. 심리학자들은 미래에 막연히 나쁜 일이 일어날까 봐 긴장되고 불편한 정서를 불안이라고 하였습니다. 불안이 우리에게 찾아오면 가슴이 두근거리고, 호흡이 빨라지는 사람도 있고, 어떤 사람은 얼어붙는 느낌이 들기도 하고, 어떤 사람은 도망가고 싶고 피하고 싶은 마음이 들기도 합니다. 사람마다 느끼는 불안의 크기와 강도는 정말 달라요. 어떤 사람은 불안이 너무 커서 아무것도 할 수 없는 사람도 있고, 어떤 사람은 불안이 너무 낮아서 위험한 것을 잘 못 보는 사람들도 있어요. 그리고 불안을 느끼는 상황도 사실 모두 다릅니다. 어떤 사람은 혼자 있어도 불안한 사람이 있고, 어떤 사람은 새로운 사람을 만나거나 환경이 바뀔 때 불안한 사람도 있고, 평가를 받는 상황에서 불안한 사람도 있습니다.

사람마다 다른 모습으로 불안을 경험하지만, 불안이 편하지 않은 상태라는 것은 같아요! 이번 시간에는 여러분이 경험하는 불안이 어느 정도인지 알아봅시다. 불안을 경험하는 정도를 장소(집/학교/학원 등), 관계(친구/이성친구/부모님/선생님 등), 상황(발표/시험 혹은 평가/모둠활동/이동수업 등)으로 나누고 불안한 정도를 1점(매우 불안하다)~10점(매우 편안하다) 사이에 표시합니다. 원하는 색깔의 색연필로 표시하고, 나에게 불안이가 찾아오는 때는 구체적으로 어떤 때인지 확인해 본 후, 돌아가면서 나의 불안이를 소개

해 봅시다."

1	2	3	4	5	6	7	8	9	10

3) 규칙 정하기

훈련 시간, 훈련에 참가하지 못할 때, 연락하는 방법, 훈련 시간에 서로 이야기를 경청하는 것, 바른말을 사용하는 것, 자신과 타인의 감정과 생각을 존중하는 것, 비밀을 지키는 것, 대화에 대한 규칙(대화를 독점하거나 지금-여기에서 직접 경험한 것이 아닌 과거의 이야기를 나열하는 것을 제지하는 것 등), 훈련에 참여하면서 변화하고 싶은 점, 생명존중을 위한 약속(자살방지 서약서 등)을 작성하는 것, 자신의 별칭을 짓는 것 등이 포함된다.

티칭 tip

집단 훈련 프로그램이든, 개인 훈련 프로그램이든, 마음챙김 기술훈련에서의 상황을 안전하게 구성하기 위하여 약속을 정하는 것은 꼭 필요하다. 특히 불안이 높은 청소년들은 불확실한 상황에서 불안을 더 많이 느끼는 경향이 있으므로, 훈련 상황에서 발생할 수 있는 문제들을 같이 검토하고 이에 대한 규칙을 만드는 것이 좋다.

4) 마음챙김 호흡 배우기

마음챙김에서 가장 중요한 것은 호흡이다. 청소년들에게 호흡을 하라고 하면 어떻게 해야 할지 난감해하는 경우가 많다. 그리고 호흡이나 명상이라고 하면 지루하다는 생각을 하여 아이들이 하지 않으려고 하거나 잠을 자려는 모습을 보일 때도 많다. 청소년들이 호흡을 하기 쉽게 다양한 호흡방법을 알려 주는 것이 필요하다.

불안이를 달래 주는 동물 호흡법

〈지도자 멘트〉

- 마음이 초조하고, 호흡이 가빠지고 묘한 불안감이 나를 찾아왔을 때, 동물 호흡법을 하면 불안을 달래는 데 도움이 됩니다.
- 여기 있는 나비, 돌고래, 악어 그림 중 마음에 드는 그림 하나를 골라 보세요.
- 그 그림에 있는 동물의 호흡을 같이 해 보면서 불안을 달래 봅시다.

나비 호흡

- 몸에 긴장을 풀고, 몸을 살짝살짝 흔들어 봅시다.
- 양팔을 나비가 날갯짓하듯 팔랑팔랑 움직여 봅니다.
- 그리고 양팔을 천천히 펼치면서 숨을 천천히 들이마십니다.
- 숨을 코로 들이쉬고, 팔을 펼치는 속도에 맞추어 뱃속 깊이 숨을 들이쉽니다.
- 숨을 내쉬면서 팔을 부드럽게 날갯짓합니다.
- 불안한 마음도 날갯짓하는 호흡과 함께 팔랑팔랑 줄어드는 것을 느껴 보세요.

악어 호흡

- 악어 호흡은 다른 호흡과는 다르게 입으로 호흡하고, 숨을 확 내뱉습니다.
- 마치 악어의 입처럼 팔을 위아래로 넓게 벌리면서 천천히 숨을 들이마십니다.
- 숨을 내쉬면서 넓게 벌렸던 양팔을 '탁' 하고 닫으세요.
- 숨을 들이마시면서 양팔을 위아래로 벌렸다가
- 숨을 내쉬면서 넓게 벌렸던 양팔을 '탁' 하고 닫습니다.
- 양팔을 '탁' 닫을 때, 내 몸속에 있는 공기를 모두 내뱉습니다.
- 몸이 숨을 들이마셔서 부풀었다가 숨을 확 내뱉어서 몸이 쪼그라드는 느낌으로 호흡하면 됩니다.
- 불안도 몸에 꽉 차올랐다가 호흡을 내뱉으며 확 빠져나가는 느낌으로 악어 호흡을 해 봅시다.

돌고래 호흡

- 돌고래가 호흡을 하며 힘차게 헤엄치는 호흡을 같이 해 볼 것입니다.
- 양팔을 위로 높게 들어 올리면서 숨을 들이마십니다.
- 그리고 돌고래가 바닷속으로 다이빙하는 것을 상상하며 숨을 내뱉어 보세요.
- 양팔을 머리 위로 들어올려 숨을 들이마시고,
- 바닷속에서 물살을 가르고 다이빙하듯 팔을 내리면서 숨을 내뱉고,
- 양팔을 머리 위로 들어올려 숨을 들이마시고,
- 다이빙하듯 팔을 내려 숨을 내뱉고,
- 양팔을 들어올리는 것과 물살을 가르며 헤엄치는 것의 속도도 내가 조절할 수 있어요.
- 호흡의 속도와 리듬도 내가 조절할 수 있으니, 바닷속에서 돌고래가 헤

엄치는 것처럼 우리도 자유롭게 호흡의 속도와 리듬을 타며 호흡해 봅시다.

- 불안도 돌고래 호흡과 함께 속도와 리듬을 타며 내가 조절할 수 있다는 것을 느껴 봅시다.

5) 활동정리

훈련에 대해 기대하는 점, 훈련에 참여하며 좋았던 점이나 아쉬운 점, 새로 알게 된 점, 도움이 된 점 등을 나누게 한다. 과제는 다음 시간까지, 마음에 드는 동물 호흡을 한 번이라도 연습해 봅니다.

티칭 tip

간혹, 한 반 전체가 창의적 체험활동 시간에 마음챙김 훈련을 하는 경우가 있다. 이런 경우, 청소년들을 4~6명 정도의 소그룹으로 모둠을 만들어 훈련하는 것이 좋다. 규칙을 만들 때나 느낀 점을 나눌 때, 모둠별로 토의하게 하고, 모둠 대표가 발표하여 의견을 수렴하는 방법도 있다. 대집단 마음챙김 훈련 시 시간을 효과적으로 활용하면서도 모든 청소년의 의사가 반영될 수 있도록 지도자는 집단 운영 역량을 발휘해야 한다.

2회기 불안과 자동조종반응

◆ 회기 목표

- 내가 경험하는 불안이 어떤 것인지 구체적으로 알아본다.
- 불안을 유발하는 자동조종반응을 탐색한다.
- 내가 이미 하고 있는 마음챙김 활동을 탐색한다.

◆ 프로그램 내용

1) 2회기 도입

지난 시간에 대해 요약하고, 청소년들에게 불안이 찾아왔을 때 그 불안은 어떤 상태인지 구체적으로 찾아보고, 불안을 계속 나에게 머무르게 하는 자동조종이 무엇인지 알아보고자 한다는 점을 언급한다.

2) 불안이 찾아왔을 때 나의 상태는?

〈지도자 멘트〉

"이번에 할 활동은 불안이 나에게 찾아왔을 때, 나의 상태를 알아보는 것을 할 것입니다. 어떤 사람들은 새로운 사람을 만나거나 새로운 활동을 하면 즉각적으로 신이 나지만, 어떤 사람들은 그러한 경험들이 즉각적으로 다 위험하고 불안하게 느껴지는 경우가 있습니다. 사람마다 매우 달라요. 불안이 나에게 찾아왔을 때, 나는 어떤 것을 경험하는지 알아봅시다.

눈을 감고, 내가 불안했던 순간을 상상하고 난 후, 활동을 할 것인데요. 내가 나의 불안을 알아 가기 위해서 하는 활동이므로, 내가 견딜 수 있고, 집단에서 이야기할 수 있을 정도의 불안을 한 번 떠올려 봅니다. 너무 무섭거나 힘들면 저에게 이야기하고 잠시 조용히 호흡하면서 쉬는 것도 괜찮습니다.

그럼 지금부터 눈을 감고, 내가 불안했던 순간을 상상해 봅니다. 그리고 그 때의 감정, 신체 감각, 생각에 집중해 봅니다. 나에게 불안이가 찾아왔던 순간은 언제였고, 그때 어떤 생각이 들었나요? 그리고 어떤 느낌(신체 감각)을 느꼈나요? 떠오르는 대로 써 봅시다.

---

3) 불안과 자동조종반응 확인하기

자동조종 상태는 어떤 자극을 만났을 때, 내 신체 감각과 생각, 감정들이 어떻게 요동치는지 깨닫지 못하고 자동적으로 늘 하던 대로 반응하는 것을 말한다. A4용지를 나누어 주고, 청소년이 어떨 때 불안을 경험하는지, 그럴 때 스스로 자동적으로 하는 감각, 행동, 생각을 탐색하도록 한다.

나에게 불안이가 찾아온 순간은?	불안이가 찾아오자 들었던 생각은?	불안이가 찾아오자 내가 느꼈던 느낌(감각)은?

4) 내가 하고 있는 마음챙김 알아보기

청소년들이 스스로를 돌보기 위해서 이미 하고 있는 마음챙김 활동을 적어 놓도록 한다. 다 적은 후, 스스로 하고 있는 마음챙김 활동을 공유하게 한다.

티칭 tip

청소년들이 이미 자신이 하고 있는 마음챙김 활동을 생각해 내지 못하는 경우가 있다. 그러므로 구체적인 예시를 '단 것 먹기' '잠자기' '매운 것 먹기' '운동하기' '노래하기' 등과 같이 제시해 준다.

5) 활동정리

이번 회기에서 새롭게 배운 것이나 느낀 점을 공유한다. 다음 시간까지 마음챙김 활동을 연습해 오도록 한다.

3회기 불안과 신체 감각 자각하기

◆ 회기 목표

- 불안할 때 신체 감각을 자각한다.
- 신체 감각을 깨워 주는 바디 스캔을 배워 본다.

◆ 프로그램 내용

1) 3회기 도입

청소년들에게 자동조종 상태에 사로잡혀 불안이 찾아왔을 때, 몸에 어떤 변화가 나타나는지 신체 감각을 알아차리는 활동을 한다는 것을 언급한다. 그리고 불안할 때 몸과 마음을 이완시켜 주는 신체 마음챙김 활동을 탐색한다고 안내한다.

2) 불안이 찾아왔을 때 내 몸의 감각을 알아보자

〈지도자 멘트: 불안이 찾아왔을 때, 신체 감각에 변화가 있음을 안내하기〉

"낯설고 불편한 상황에서 불안을 느끼면 내 몸의 감각은 평소와 달라집니다. 어떤 사람은 목과 어깨가 뻣뻣해지는 것을 느끼는 사람도 있고, 숨이 가빠지거나 심장이 두근거리는 것을 느끼는 사람도 있습니다.

사람마다 불안이가 찾아왔을 때, 신체 감각 반응이 다른 경우가 많아요. 그렇다면 나는 불안이가 찾아왔을 때, 어떤 신체 감각을 느끼는지 활동지에 표시해 봅시다(몸 윤곽이 그려진 활동지에 불안이 찾아왔을 때 신체 감각의 변화를 표시하도록 함). 이 중에 불안이가 찾아와서 내 몸이 변했다는 것을 가장 먼저 알아차릴 수 있는 신호는 무엇인지 생각해 봅니다. 그리고 불안이가 내 마음에서 커졌을 때, 가장 강렬하게 반응하는 내 몸의 감각은 무엇인지 생각해 보고 활동지에 작성해 봅시다. 그리고 반응들을 친구들과 공유해 봅니다."

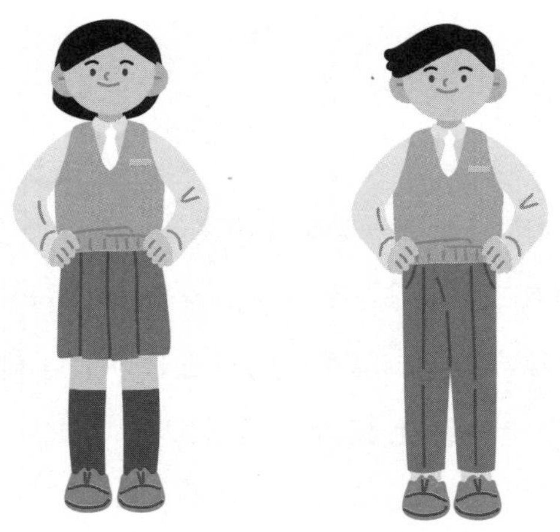

티칭 tip

평소에도 긴장을 많이 해서 잘 모르겠다는 청소년들이 있을 수 있다. 이런 경우에는 조금의 변화라도 느끼는 것을 표시하게 하거나, 긴장이나 불안할 때 경험하는 신체 감각들을 미리 정리하여 제시한 후, 청소년이 고르게 하는 방법도 있다.

3) 바디 스캔

바디 스캔의 목적은 청소년들이 자신의 신체 감각을 알아보는 데 있다. 청소년들이 종종 자신의 몸을 알아보자고 하면 성교육을 할 것이라고 기대하거나 장난을 치는 경우도 있는데, 이러한 혼란을 막기 위해 신체 감각이라는 단어를 명확히 사용하는 것이 좋다.

〈지도자 멘트〉

(1) 깨끗하고 따뜻한 바닥에 매트(천, 침대 모두 가능)를 깔고 등을 대고 편안히 누워 봅니다.

(2) 누운 상태에서 코로 호흡합니다. 호흡을 하면서 내 몸의 감각을 느껴 봅니다. 등이 바닥에 닿아 어떤 느낌이 드나요? 몸의 무게를, 등을 어떻게 느끼고 있나요? 하나씩 감각을 느껴 보면서 코로 숨을 들이쉬고 내쉽니다. 호흡을 하면서 숨을 내쉴 때마다, 매트에 몸이 깊게 가라앉는 것을 느낍니다.

(3) 바디 스캔을 하는 것은 온몸의 감각에 주의를 기울이기 위한 것입니다. 몸의 감각에 집중해 봅시다.

(4) 등의 감각에 집중했던 마음을 이제는 배꼽 쪽으로 가지고 옵니다. 숨을 들이쉬고 내쉴 때, 배꼽과 배에 어떤 감각이 느껴지나요? 배꼽과 배의 감각에 주의를 기울여 봅니다(2~3분).

(5) 배꼽과 배에 집중했던 마음을 이제는 왼쪽 다리로 옮기겠습니다. 호흡을 하면서 왼쪽 다리에서 왼발로, 그리고 왼쪽 발가락에 느껴지는 감각에 마

음을 두어 봅니다. 다리의 무게, 바닥과 옷의 촉감 등 느껴지는 모든 것에 주의를 기울여 봅니다. 만약 아무것도 느껴지지 않는다면 아무것도 느껴지지 않는 것을 알아차리면서 계속 호흡합니다.

(6) 호흡을 하면서 내가 들이쉰 공기가 온몸을 감도는 것을 느껴 봅니다. 코, 목, 어깨, 왼팔, 오른팔, 머리, 왼다리, 오른다리, 양손, 손가락, 양발, 발가락에서 느껴지는 감각을 느껴 봅니다. 그리고 내쉬는 숨에 따라 나의 몸의 변화도 느껴 봅니다.

(7) 몸의 어떤 부분이 다른 부분에 비해 뭉치거나 긴장되거나 자극이 강하다면 코로 호흡하면서 마음을 그 감각에 집중합니다. 그리고 숨을 들이쉬면서 그 감각에 집중하고, 내쉬면서 감각을 몸 밖으로 내보냅니다.

(8) 전체 몸에 주의를 기울이면서 내 몸 전체를 하나로 느껴 봅니다. 내 숨이 내 몸의 안과 밖을 자유롭게 오가는 것을 느껴 봅니다.

티칭 tip

- 청소년이 잠이 드는 경우 자신이 피곤했다는 것을 알아차리는 것도 중요하다고 말해 준다.
- 청소년 중, 집중을 못하는 경우도 있고, 혹은 잘 따라오다가 집중이 흐트러지는 경우도 있는데, 이것은 자연스러운 현상이며 우리가 바디 스캔을 하는 목적은 신체의 감각을 알아차리는 것은 물론 집중이 흐트러졌다는 것을 알아차리는 것도 있음을 알려 준다.

※ 만약 훈련 프로그램을 하는 곳에서 누울 수 없는 경우, 앉아서 바디 스캔을 할 수도 있고 연령, 상태에 따라 길게(10분 이상) 혹은 짧게(1~2분) 조절해서 할 수 있다.

4) 불안이 찾아왔을 때 내 몸을 돌보는 신체 마음챙김 활동

청소년들에게 신체 마음챙김을 하기 전, 가장 편안한 상태가 어떤 상태인지 알아보게 하는 것은 중요하다. 편안한 상태가 어떤 상태인지 알아야, 불안할 때 몸의 상태가 얼마나 긴장되어 있는지 알아챌 수 있으며, 마음챙김 신체 활동을 하고, 얼마나 편안해졌는지 알 수 있기 때문이다. 청소년들에게 가장 편안하다고 느꼈을 때를 상상하게 하고, 호흡을 하면서 천천히 몸이 이완되는 것을 느끼게 한다. 그리고 자신이 느끼는 '가장 편안한 상태'를 집단원과 공유하게 한다.

티칭 tip

간혹 자신은 편할 때가 없었다고 이야기하는 청소년이 있을 수 있다. 이런 경우는 약간은 긴장되어 있었지만 그래도 좀 편안했을 때를 떠올려 보라고 하거나 편안할 것 같은 상황을 상상력을 발휘해서 떠올려 보고 그 상황을 떠올리면서 느껴지는 몸의 감각을 알아차려 보라고 하는 것도 괜찮다.

그럼에도 불구하고 둘 다 안 된다고 하는 청소년에게는 친구들이 하는 활동을 관찰한 다음에 자신도 바디 스캔을 해 본 후 그 상태를 편안한 상태 후보로 올려 보자고 말해 보자.

청소년의 이러한 반응은 마음챙김 훈련 프로그램에 대한 저항(지루해서 놀고 싶은 마음이 들거나 효과가 없을 거라는 생각이 들어서 등)일 수도 있지만 정말로 불편하고 긴장된 상황이 많기 때문일 수 있다. 정말 불편하고 긴장된 상황이 많아서 편안한 상태를 잘 모르겠다고 하는 청소년이 있다면 집단에 잘 참여하려고 노력하는 태도를 격려해 주고, 편안한 상태를 찾는 방법을 함께 고민해 주는 것도 좋다.

※ 바디 스캔 후, 청소년들이 더 이상 호흡에 집중을 하지 못할 것이라고 말할 수 있다.

실제적으로 이런 경우가 많다. 한 회기에 집중적인 호흡이나 명상에 관련된 훈련을 2개 이상 넣는 것이 효과적이지 않다고 판단되는 경우, 다음과 같은 활동을 해 보자.

티칭 tip

- **불안하고 긴장된 나의 몸을 안정시켜 주거나 즐겁게 해 주는 신체 활동 찾아보기**

청소년들에게 여러 가지 활동이 그려진 활동지(맛있는 것 먹기, 조용히 산책하기, 음악 듣기, 노래 부르기, 운동하기, 멍하니 있기, 잠자기, 스트레칭하기, 호흡하기 등)를 나눠 주고, 자신이 불안해질 때, 불안한 마음을 달래기 위한 신체 마음챙김 활동이 무엇인지 표시하게 한다. 활동지에 있는 내용 외에도 자신이 즐겨 하는 신체 마음챙김 활동이 있다면 직접 쓰게 한 후, 집단원과 나누게 한다.

- **활동지를 미리 나누어 줄 때의 이점**

청소년들 중 불안할 때 하는 활동이 없다고 하는 경우가 있다. 하지만 활동지를 나누어 주고 여기서 고르게 하면 청소년들은 불안할 때 내가 하는 활동을 생각하고 고를 수 있다. 지금-여기의 지시문에 집중하게 하는 것도 마음챙김 활동 중 하나이므로, 활동지를 지도자가 집단원의 특성에 맞도록 제작해 보자.

5) 활동정리

이번 시간의 활동을 정리하고, 신체 상태를 알아차리고, 신체 마음챙김으로 이완하는 것이 자신의 몸과 마음을 돌보는 매우 중요한 점이라는 것을 강조한다. 바디 스캔을 실생활에서 연습해 보도록 과제를 제시한다.

4회기 지금-여기 감각에 몰두하기

◆ 회기 목표

- 지금-여기에서 느껴지는 감각을 알아차린다.
- 모든 감각을 지금-여기에서 자각한다.

◆ 프로그램 내용

1) 4회기 도입: 오감 마음챙김 연습하기

지난 활동에서 배웠던 바디 스캔을 떠올려 보고, 이번 시간에 배워 볼 오감 마음챙김을 안내한다. 불안은 미래에 있을지 모르는 막연한 일에 대해 느끼는 불편감으로 생각과 감각이 미래에 초점을 맞추고 있다. 그렇기 때문에 불안을 조절하기 위해 지금-여기에서 오감에 집중하는 훈련이 필요하다는 점을 고지한다.

2) 시각 마음챙김

시각 마음챙김은 풍경, 꽃, 명화, 색 등을 보면서 호흡하고 불안을 다스리는 활동이다. 시각적인 부분에 민감한 청소년들에게 효과가 있다.

〈지도자 멘트〉

(1) 나누어 준 사진 중 마음에 드는 것을 골라 봅니다.

(2) 그 사진을 보면서 코로 숨을 천천히 들이쉬고 내쉬어 봅니다.

(3) 사진 속에 있는 장소에 내가 가 있는 상상을 하며 숨을 들이쉽니다. 숨이 돌아 배, 가슴, 코를 통해서 다시 나옵니다.

(4) 사진 속의 장면에 집중하면서 나의 몸의 감각을 느껴 봅니다. 손, 어깨, 가슴, 배, 다리, 발, 목, 머리가 어떤 느낌이 드는지 느껴 봅니다.

(5) 사진에 마음을 집중하고, 여기에서 떠오르는 감정을 알아차려 봅니다.

(6) 그리고 사진을 보며 떠오르는 생각도 알아차려 봅니다.

(7) 몸의 감각, 감정, 생각을 떠올리며 사진 속에 다시 마음을 집중합니다.

티칭 tip

- 사진을 다양하게 준비할 필요가 있다. 청소년들에게 마음을 편안하게 하는 사진을 가져오도록 할 수도 있다.
- 청소년들에게 사진을 가져오라고 하면 대부분 가져오지 않기 때문에 지도자가 준비하는 것이 좋다.
- 청소년들이 좋아하는 동물이나 자연물, 풍경, 예술작품, 명화 등 다양하게 준비하는 것이 좋다. 필요한 경우 잡지에서 원하는 장면을 고르게 하는 방안도 있다.
- 스마트폰이나 유튜브 영상으로 시각적 재료를 찾아볼 수 있다.

〈예시 사진〉

3) 소리 마음챙김

〈지도자 멘트〉

"눈을 감거나 감고 싶지 않다면 시선을 편안한 곳에 두고, 모든 주의를 귀에 집중해 봅시다. 귀에 들리는 소리에 집중합니다. 여러 가지 소리가 들리는데, 그 소리에 집중하고 호흡해 봅시다. (약 1분) 어떤 소리를 들었나요? 여러분의 마음은 어땠나요?"

티칭 tip

- **소리 마음챙김을 하는 경우, 특정 소리에 선택적 집중이 필요한 집단이 있다. 이런 경우 특정 소리를 활용하여 소리 마음챙김을 할 수 있다.**

–예시 1. 빗소리 마음챙김

집단 지도자가 빗소리를 담은 음원을 준비한다. 집단원에게 지도자가 들려주는 소리를 듣고, 자세히 들으며 소리가 어떠한지, 그 소리를 들으며 청소년들의 몸과 마음의 상태를 알아차리도록 한다(빗소리는 약 1분 정도 들려준다).

–예시 2. 말소리 마음챙김

청소년들이 사람의 말소리에 집중하는 것을 선택적으로 훈련시킬 필요가 있을 때가 있다. 이런 경우, 노래나 집단원이 읽어 주는 이야기(예: 짧은 시, 좋은 문구 등)를 듣거나 말소리를 들으면서 집단원의 이야기 내용을 기억하고, 몸과 마음의 변화를 자각하도록 한다. 그리고 짝을 바꾸어 활동한 후, 서로 경험을 나누도록 한다.

–사례. 말소리 마음챙김

지도자: 여러분, 오늘은 상대방의 말소리에 집중하는 연습을 할 것입니다. 두 명씩 짝을 짓고, 한 명은 눈을 감은 채 듣고, 한 명은 문구를 읽어 줍니다. 그리고 눈을 감고, 들은 사람이 들려준 문구를 기억하여 이야기하는 방식입니다. 두 사람 중 누가 듣고, 누가 읽어 줄지 정해 보세요. (약 1분 소요) 이제 문구를 들려주는 사람들에게 전달해 줄 것입니다. 듣는 사람은 눈을 감아 주세요. (읽어 줄 종이를 나누어 준다.) 자, 이제 차분하게 마음을 다잡고, 듣는 사람은 눈을 감고 온 마음을 귀에 집중해서 짝의 목소리에 집중해 보세요. 그리고 짝은 글을 읽어 줍니다.

학생1: 내가 먹는 음식, 내가 듣고, 말하는 말, 내가 만나는 사람, 내가 한 행동, 내가 보낸 하루가 나를 만들어 간다.

지도자: 친구가 말한 것을 집중해서 들었죠? 친구들이 어떤 말을 했는지 지금 써 보고, 친구들과 이야기해 봅시다.

학생2: 너무 긴데…… 음…… 내가 먹는 음식, 말? 친구? 하루가 나를 만든대요.

학생3: 내가 한 행동도 있었어. 친구가 아니라 만나는 사람인가? 그랬어?

지도자: 말소리 마음챙김을 해 보았는데요. 이 활동을 하면 말하고 듣는 것에 대해 많은 것을 알게 되는 친구들이 있더라고요. 이 활동을 하면서 새롭게 알게 된 건 뭐가 있을까요?

학생1: 제가 이야기해도 애들이 잘 기억을 못하는 경우도 있어서 신기했어요. 들었다는 게 부정확할 수도 있구나 싶더라고요.

학생2: 저도 좀…… 만나는 사람을 왜 친구라고 생각했는지 모르겠어요. 좀 더 집중해서 듣고 기억하면 되나??

학생3: 신경 써서 들으려고 하는데 주변 소리가 엄청 거슬리더라고요. 평소에는 잘 몰랐는데…… 집중하는 건 어려운 일인 것 같아요.

지도자: 다른 사람의 말소리에 집중하고 그 내용을 기억해 내는 건 노력이 필요한 일이에요. 마음을 집중하는 것도 연습이 필요한 것처럼 듣고 기억하는 것도 연습이 정말 필요해요. 우리 열심히 연습해서 말소리를 잘 듣고 기억해 봅시다.

- **말소리 마음챙김의 경우, 청소년들의 능력에 따라 점차 방식을 바꾸는 게 좋다. 처음에는 동일한 지시문으로 하다가 점차 난이도를 높여 청소년들이 마음을 모아야 하는 소리를 선택할 수 있도록 연습시키는 것이 필요하다.**

–1단계: 청소년들이 집중력이 낮은 경우, 읽어 주는 문구를 모두 동일하게 짧은 문구로 한다.

–2단계: 읽어 주는 짧은 문구를 다르게 하여, 짝의 목소리에 집중하게 한다.

–3단계: 동일한 지시문을 문장 단위로 하여 소리에 집중하게 한다.

–4단계: 서로 다른 문장 지시문을 읽으며 소리에 집중하게 한다

4) 미각 마음챙김

〈지도자 멘트〉

(1) 아몬드 1~2개를 한 손에 올려놓습니다.

(2) 아몬드를 손가락으로 집어 입에 넣어 봅니다.

(3) 아몬드를 입에 넣고, 침이 얼마나 고이는지, 아몬드의 맛이 어떻게 느껴지는지를 알아차려 봅니다.

(4) 천천히 씹어 보고, 음식의 맛과 향, 그리고 질감을 느껴 봅니다. 음식을 삼킬 준비가 되었다면 음식을 삼키면서 목구멍, 식도, 위를 지나는 음식을 느껴 봅니다. 음식이 내 몸에 흡수되는 것을 느껴 보세요.

(5) 이런 식으로 음식을 먹으면서 음식의 재료들이 어떻게 자라나서 우리 집에 도착하고, 어떻게 조리되어 내 식탁에 올라왔는지, 그리고 음식이 내 몸속을 지나가면서 생기는 모든 변화들에 감사하는 마음을 가져 봅니다.

※ 견과류에 알레르기가 있는 청소년이 있을 경우, 젤리나 초콜릿으로 변경하는 것도 가능하다.

---

5) 후각 마음챙김(꽃향기 마음챙김)

〈지도자 멘트〉

(1) 나누어 준 꽃을 들어 코에 대어 봅니다. 그리고 코로 숨을 깊게 들이쉬고 내쉽니다.

(2) 꽃의 향기가 공기와 함께 코로 들어가 가슴을 통해 배 속 깊은 곳까지 들

어갑니다.

(3) 꽃향기는 계속해서 온몸을 돌아 배, 가슴, 코를 통해서 다시 나옵니다.

(4) 꽃향기가 어떤가요?

(5) 꽃향기를 맡으니 어떤 기분이 드나요?

(6) 꽃향기 외에 다른 향기도 맡았나요?

(7) 꽃향기를 맡은 후, 꽃을 자세히 봅니다.

(8) 꽃잎을 살살 만져 봅니다.

(9) 꽃잎이 손가락에 닿는 느낌을 느껴 봅니다.

(10) 그리고 그 꽃잎을 코에 가까이 대고 다시 향기를 맡아 봅니다.

(11) 꽃을 자세히 보고, 향기를 맡을 때 몸과 감정의 변화를 느껴 봅니다.

티칭 tip

- 꽃이나 향기로운 물건 등을 준비한다(꽃가루 알레르기를 가진 청소년이 있을 수 있으므로, 활동 전, 알레르기 여부를 물어보는 것이 필요하다).
- 오렌지 껍질, 커피 등 향긋한 향이 나는 것도 활용할 수 있다.

6) 촉각 마음챙김

촉각에 마음이 안정되는 경우가 많다. 특히 불안한 청소년들은, 손을 꼼지락거리거나 옷자락을 비비거나 잡는 경우가 있는데, 이러한 행동이 실제로 불안을 감소시키기 때문에 습관적으로 할 수 있다. 청소년들에게 손이나 발가락을 꼼지락거리고, 옷자락을 잡고 비비는 행위 등이 불안을 줄여 주는 대처 중의 하나라는 것을 알려 줄 필요가 있다. 그리고 사회적 상황에서 다른 사람들이 이상하게 생각하지 않으면서도 자신의 불안을 효율적으로 대처할 수 있는 촉각 마음챙김을 배워 보자고 안내하면 청소년들의 활동 참여도를 높일 수 있다.

촉각 마음챙김을 할 때 다양한 것들을 준비할 수 있는데, 경험적으로 불안을 감소시키기 위해서는 약간 거친 촉감과 동시에 말랑말랑한 촉감이 같이 있는 솜주머니 등이 효과가 있었다. 불안이 클 때는 거친 촉각을 느끼며 지금 신체 감각을 깨우는 것이 효과적이며, 불안에서 안정화되면서 마음을 가라앉힐 때는 부드럽거나 말랑거리는 촉각이 효과적이기 때문이다.

〈지도자 멘트〉

① 나누어 준 주머니 볼을 만져 봅니다.

② 주머니 볼 겉의 천을 만지고 비벼 보면서 손에서 느껴지는 감각에 집중해 봅니다.

③ 주머니 볼의 천을 충분히 만진 후, 주머니 볼을 손으로 쥐어 봅니다. 그리고 쥐었다 폈다 하면서 주머니 볼이 말랑거리는 것을 느껴 보세요.

④ 그리고 코로 숨을 들이쉬고 내쉬면서 지금 내 몸과 마음에 느껴지는 것을 알아차려 봅니다.

⑤ 주머니 볼의 천을 만져 보고, 주머니 볼을 주무르면서 몸의 감각을 하나씩 느껴 보세요.

⑥ 그리고 느껴지는 감정과 자유롭게 떠다니는 생각들을 알아차려 봅니다.

⑦ 호흡을 하면서 주머니 볼을 충분히 느끼면서 몸과 감정의 변화를 느껴 봅니다.

---

7) 활동정리

이번 시간에 새롭게 배운 것과 느낀 점을 공유하고, 오감 마음챙김을 실생활에서 한 번 이상 실습하도록 과제를 제시한다.

〈지도자 멘트〉

"이번 시간에는 지금-여기에 집중하기 위하여 오감 마음챙김을 해 보았습니다. 이를 통해 시각, 청각, 미각, 후각, 촉각 마음챙김을 연습해 보았습니다. 사람들마다 마음이 혼란스럽고 불안할 때, 선호하는 마음챙김 활동이 모두 다르기는 해요. 사람마다 좋아하는 활동이 다르기 때문에 자신에게 잘 맞는 마음챙김 활동이 효과적입니다. 이번 시간에 여러 가지 마음챙김 활동을 해 보면서 자신에게 가장 효과적이고 마음에 드는 마음챙김 활동을 찾아봅시다. 이런 오감 느끼기 활동은 불안할 때 마음을 진정시켜 줍니다."

5회기 불안을 다루기 위한 생각 마음챙김

◆ 회기 목표

- 불안을 유발하는 생각을 탐색한다.
- 생각 마음챙김을 통해 불안을 조절한다.

◆ 프로그램 내용

1) 도입

오감 마음챙김에 대해 상기시키고, 실생활에서 오감 마음챙김을 연습했던 경험을 공유한다(1~2분). 청소년들에게 불안과 연관된 생각이 있다는 것을 알려 주고, 이번 시간에는 생각 마음챙김을 연습해 볼 것이라는 것을 안내한다.

2) 걱정 꼬리 물기

〈지도자 멘트〉

"불안을 만들어 내는 생각에는 친구가 있습니다. 그건 걱정이에요. 걱정이 많을수록 불안해집니다. 사실, 걱정은 어떤 일을 좀 더 꼼꼼하게 살펴보게 하고, 실수하는 것을 줄여 주는 좋은 역할을 합니다. 하지만 걱정이 너무 많으면, 지금 하고 있는 일이나 나의 마음에 집중하지 못하게 되고, 불안이 내 마음을 다 차지하게 됩니다. 그래서 내가 지금 현재에 집중할 수 있도록 걱정의 정도를 조절하는 것도 필요해요. 필요한 걱정을 조절하면서 현재에 집중할 수 있도록 내가 불안할 때 드는 걱정들을 모두 적어 봅시다." (약 5분 소요)

청소년들이 걱정 꼬리 물기를 마치면 서로의 생각을 공유하도록 안내한다. 그리고 청소년들의 걱정이 같은 것도 있고 다른 것도 있다는 것을 알아차리도록 안내한다.

불안을 만들어 내는 걱정을 작성한 후, 불안과 걱정을 줄여 주는 대안 생각을 적도록 한다. 청소년들 중, 불안을 만들어 내는 걱정의 힘이 강력하여, 대안 생각을 노력해서 떠올려도, 효과가 없다고 생각하는 경우도 있다. 하지만 대안 생각을 연습하고 훈련하면, 걱정을 줄이는 데 효과가 있음을 안내하고 청소년들이 참여하도록 돕는다.

티칭 tip

청소년들의 경우, 어떤 생각을 적어야 할지 모르는 경우가 있다. 이런 경우, 좋은 생각 목록이나 대처 생각 카드, 명언 카드 등을 활용하여 청소년들이 그 카드를 보고 적을 수 있게 하는 것도 매우 효과적이다.

〈학생들이 만든 대안 생각과 학생들의 반응〉

- 너 만나지 않았을 때도 나 잘 살았어. 세상도 잘 돌아가고.

학생 반응: 생각해 보니 진짜 그런데…… 왜 얘랑 싸우면 학교 못 간다고 생각했을까?

- 힘들 때는 힘내지 말고 그냥 쉬어!

학생 반응: 그냥 쉬는 게 뭔지 모르겠다. 그런데 힘내라는 말보다는 낫다.

- 버릴 걸 버려야 인생이 가벼워진다.

학생 반응: 이제는 편해지고 싶은데 그러려면 뭘 버려야 할까 고민이 된다. 사실, 성적부터 바로 버리고 싶다.

- 반 친구는 사실 친구는 아니다. 동료지.

학생 반응: 다른 반 되면 서로 인사만 하는 사이가 되는데…… 그렇게 생각하니까 마음이 편해졌다.

- 죽느냐 사느냐 그것이 문제로다(셰익스피어 〈햄릿〉 중).

학생 반응: 왕자도 저렇게 고민하는데 내가 뭐라고…….

- 문제는 단순하다. 내 마음만 복잡할 뿐.

학생 반응: 생각해 보면 단순한 일들이었는데…… 내가 자꾸 꼬아서 생각했던 것 같다. 용기 내서 물어보면 되는데…….

- 바라는 게 있다면, 움직여라. 가만히 있다고 해서 되는 건 없다.

학생 반응: 난 바라기만 하고 움직이지는 않았던 것 같다.

- 내 코가 석자인데 누구를 챙기나.

학생 반응: 늘 친구 입장만 생각하다 보니, 나는 계속 서운해지고…… 그러다 보니 서로 나빠지고…… 계속 배신당한다는 마음만 들었는데…… 맞는 말인 것 같다.

- 내 인생은 결국 내 것이다. 내가 원하는 것을 내가 원하는 방식으로 하겠다.

학생 반응: 원하는 게 뭔지 모르겠지만…… 한번 해 보고 싶다. 안 되면 내가 원하는 방식으로 자꾸 하다 보면 가고 싶은 곳에 갈 수 있지 않을까?

- 말하는 건 쉽다. 행동하는 건 어렵고…… 남의 지적질 따위 흘려 버리자.

학생 반응: 자기도 못하면서 나에게 지적질은…….

3) 나를 편안하게 해 주는 마법의 주문 만들어 보기

영화 〈세 얼간이〉에서 주인공들은 당황하고 힘들고 용기가 필요할 때 "올 이즈 웰(All is well)."을 외쳤다. 런던 올림픽 펜싱 결승에서 4점이나 차이가 나는 상황에서도 포기하지 않고 '난 할 수 있다'를 되뇐 끝에 역전하여 금메달을 따낸 박상영 선수도 있다.

사람이 살다 보면 힘들고 당황스러운 상황에서 내 마음을 정리하고 집중해야 하는 순간이 있다. 그럴 때, 내 마음을 환기시키고 내 마음을 내가 해야 할 것에 집중하는 마법의 주문이 필요하다. 청소년들에게 마법의 주문을 안내하고 이를 만들어 보도록 안내한다.

티칭 tip

마법의 주문을 만들라고 할 때, 예시를 주는 것이 좋다. 이런 경우, 만들어진 대안 생각을 예시로 주어도 좋고, 자존감과 자기효능감을 향상시킬 수 있는 말, 명언 등을 예시로 주는 것도 좋다.

〈학생들이 만든 마법의 주문 예시〉

- 될놈될(될 놈은 될 것이다.)
- 할 수 있는 만큼 하자.
- 하다 보면 된다.
- 이거 아니어도 다른 것 하면 된다.
- 목숨 걸지 말자.
- 내가 가장 소중하다.
- 하면 된다. 기대만큼 안 돼도 능력치는 높아졌을 것이다.
- 어차피 다 거기서 거기다. 긴장하지 말자.
- 난 충분히 괜찮다.

4) 활동정리

활동을 정리하고, 이번 시간에 새롭게 배운 부분과 느낀 점을 공유하게 한다. 다음 회기까지 나를 편안하게 하는 대안 생각 찾기와 마법의 주문을 한 번 이상 생각하는 과제를 제시한다.

6회기 불안한 감정을 다루기 위한 감정 마음챙김

◆ 회기 목표

- 불안한 감정을 탐색한다.
- 감정 마음챙김을 통해 불안을 조절한다.

◆ 프로그램 내용

1) 6회기 도입

지난 시간 배웠던 대안 생각과 마법의 주문을 언급하고, 과제 활동을 공유하게 한다. 그리고 이번 시간에는 불안을 돌보는 마음챙김 행동을 배워 본다는 것을 안내한다.

2) 내 마음속의 불안 그려 보기

모호한 상태에서 느끼는 감정을 달래는 것은 매우 어려운 일이다. 그렇기 때문에 불안을 구체화하는 것은 불안한 마음을 돌보는 데 효과적이다.

〈지도자 멘트〉

"낯설고 모호한 상황에서 불안이 나에게 찾아올 때, 그 불안을 한번 캐릭터로 떠올려 보세요. 단순 도형도 괜찮고, 색깔만 있어도 괜찮습니다. 다만, 구체적으로 떠올릴수록 그 불안한 마음을 다독이는 데 더 효과적입니다. 눈을 감고, 내가 낯설고 모호한 상황에 놓여 있을 때, 막연히 좋지 않은 일이 일어날 것 같은 상황을 상상해 봅니다. 그리고 그 상황에서 가슴이 두근거리고, 떨리면서 긴장된 내 마음을 자세히 들여다봅니다. 불안이가 조금씩 보이는데요. 그 불안이는 아직 일어나지 않은 일에서 느끼는 마음이다 보니 위험하지는 않은 그런 마음이에요. 그 불안이를 차분히 느껴 보고 1분간 관찰해 봅니다. 그리고 불안이가 나에게 하고 싶은 말을 잘 들어 봅시다. 불안이가 자꾸 커진다는 것은 나에게 말하고 싶은 이야기가 있어서 자꾸자꾸 몸집을 키우고 자신의 존재감을 드러내는 거예요. 내 마음속 불안이를 잘 살펴볼 수 있도록 코로 깊게 호흡하면서 유심히 관찰하고, 불안이가 나에게 하고 싶은 이야기를 경청해 봅시다(약 2분). 눈을 뜨고, 불안이와 가장 유사한 캐릭터를 한번 그려 봅니다."

티칭 tip

불안의 캐릭터를 상상하게 하는 것을 힘들어하는 집단원이 있다면 쉬었다가 해도 괜찮다. 그리고 상상하여 떠올리는 데 불안을 크게 느낄 가능성이 있는 집단원이 있다면, 불안과 관련된 여러 가지 그림 혹은 이미지 사진들을 나누어 주고, 거기에서 자신의 불안과 가장 비슷한 것을 고르게 하는 것도 효과적이다.

3) 불안을 편안하게 하는 감정 마음챙김 해 보기

청소년이 그린 '불안이'를 유심히 관찰하게 하고, '불안이'의 이야기를 경청하고 다독이게끔 안내한다. 그리고 '불안이'를 다독여 줄 수 있는 마음속의 친구를 떠올리게 안내한다. 자신의 마음속 불안이 편안하게 느낄 수 있는 대상을 만들어 내고, 그리도록 한다. 마음속 친구를 만들어 본 후, 그 친구가 불안을 달래는 상상을 하면서 호흡하게 한다. 위로와 격려를 받으며 호흡하면서 불안이 줄어드는 연습을 반복한다.

〈지도자 멘트〉

"혼자 있는 불안이에게 토닥여 줄 수 있는 마음속 친구를 떠올려 봅니다. 불안이가 편안하게 느낄 수 있는 친구이면 돼요. 구름처럼 말랑말랑하고 포근한 친구일 수도 있고, 따뜻한 물처럼 따뜻하게 감싸 안아 주는 친구일 수도 있어요. 밝게 웃으면서 포근하게 안아 주는 친구일 수도 있고, 나무처럼 불안이 옆에 있어 줄 수 있는 친구여도 괜찮아요."

티칭 tip

- 청소년의 나이가 어려 구체적 상상을 하면서 대상을 만들어 내는 것을 힘들어 하는 경우(예: 아직 구체적 조작기인 경우) 사진이나 캐릭터, 그림 등을 미리 준비하여 나누어 주고, 이 중에서 고르게 하는 방법도 효과적이다.
- 청소년들이 불안한 마음을 달래는 호흡을 상상만으로 유지하기 힘들어할 경우, 활동과 함께하면 도움이 된다. 마음이 불안해지면 몸도 긴장이 되는데, 들이쉬는 호흡에 신체적으로 긴장시키고, 내쉬는 호흡에 신체적으로 이완하는 연습을 하면 불안과 긴장을 좀 더 구체적이고 효과적으로 이완할 수 있다.

〈불안이를 달래 주는 잼잼 마음챙김〉

- 코로 호흡하면서 배 속 깊은 곳까지 숨을 들이마십니다.
- 그리고 천천히 숨을 내뱉습니다.
- 이번에는 숨을 들이쉬면서 손에 힘을 주어 주먹을 꽉 쥐어 봅니다.
- 손뿐만 아니라 팔뚝까지 근육을 쥐어짜듯이 주먹을 꽉 쥐어 봅니다.
- 그리고 숨을 내쉬면서 천천히 힘을 풀어 봅니다.
- 숨을 들이쉬면서 주먹을 꽉 쥐고, 숨을 내쉬면서 주먹을 천천히 풀어 봅니다.
- 근육의 움직임에 집중하면서 마음속 불안이 점점 작아지는 것을 느껴 보세요.

4) 불안이 나에게 알려 주는 것들

불안이 불편하고 피하고 싶은 감정이라고 생각하는 청소년들이 많다. 지도자는 청소년들에게 마음속 불안이 찾아왔다는 것은 불안이 하고 싶은 말이 많다는 것을 안내한다. 그리고 불안의 이야기를 경청하면서 불안을 달래 주는 것은 청소년이 앞으로 생길 위험을 스스로 대비하는 것이라는 점도 상기시킨다. 활동의 마무리로,

청소년들이 불안이 나에게 하고 싶었던 말과 불안을 달래 주는 호흡을 하면서 느꼈던 경험을 집단원과 공유하도록 한다.

5) 활동정리

이번 시간에 새롭게 배운 것과 느낀 점을 공유한다. 다음 회기까지 불안을 달래는 잼잼 마음챙김을 한 번 이상 실습하도록 과제를 제시한다.

7회기 내 마음을 편안하게 하는 즐거운 활동 탐색하기

◆ 회기 목표

- 내 마음을 돌보는 즐거운 활동을 찾아본다.

◆ 프로그램 내용

1) 7회기 도입: 내 마음을 돌본다는 것은

다른 일들을 하다가 정작 자신을 돌보지 못하는 경우가 있다. 학교교육에서 다른 사람에게 폐를 끼치지 말고, 규칙을 잘 지키고, 양보하라는 것을 강조하지만, 자신을 돌보는 것은 비교적 적게 배우기 때문이다. 청소년들에게 스스로의 마음을 돌보는 것의 중요성을 알려 주면서 자신의 마음을 돌보는 활동이 중요하다는 것을 일깨워 준다.

〈지도자 멘트〉

"내 마음을 돌본다는 것은 나의 몸과 마음에 주의를 집중하는 것을 말합니다. 내 마음을 돌본다는 것은 꽃을 가꾸는 것과 같아요. 꽃을 잘 키우기 위해서는 화분의 흙에 영양분이 많아야 하고, 가끔 영양분이 모자라면 영양제도 주어야 합니다. 그리고 햇빛이 잘 들고, 바람이 잘 통하는 곳에 화분을 놓아 주어야 합니다. 너무 춥거나 더우면 꽃이 힘들어하니까 적당한 온도를 맞추어 주어야 해요. 여기에서 화분의 흙은 내 마음의 영양소를 주는 것들입니다. 칭찬, 격려, 돌봄, 친구, 가족, 선생님들 등 내 마음속에 영양분을 주는 것들이죠. 그리고 햇빛과 바람, 물은 다친 마음을 소독해 주고, 스트레스도 날려 주고, 마른 내 마음을 촉촉하게 해 주는 역할을 합니다. 그리고 화분을 키우다 보면, 가끔 진드기도 생기고, 잡초도 생기고 그래요. 먼지가 쌓일 때도 있어요. 이런 것들은 내 마음을 힘들게 하는 것들입니다. 그냥 두면 꽃이 시들 듯이 내 마음도 아프고 지치거든요. 이럴 때, 꽃을 돌보듯이 마음도 돌봐야 합니다. 내 마음에 진드기도 잡아 주고, 잡초도 좀 뽑아 주고, 먼지도 털어 주면서 영양이 충분한(너무 많으면 아파요) 흙과 따뜻한 햇빛과 선선한 바람, 그리고 적당한 물을 주듯 내 마음도 그렇게 돌봐 주어야 해요. 꽃이 건강하게 자라나 아름답게 피어나듯 내 마음도 건강해지고, 내가 해야 할 일을 할 수 있어요."

---

2) 내 마음을 불안하게 하는 활동을 찾아보기

마음을 불안하고 불편하게 하는 상황이 있다. 그 상황을 알아내면, 어떨 때 불안을 유발하는 행동 대신 불안을 줄이는 행동을 할 수 있는지 알게 된다. 청소년들에게 자신을 불안하게 만드는 행동이 무엇인지 찾도록 안내한다.

티칭 tip

청소년들은 스스로 자신을 불안하게 만드는 활동을 찾지 못할 때가 많다. 그러므로 불안을 유발하는 활동의 예를 안내해 주면 좋다.

〈청소년들이 불안한 상황으로 자신을 몰아가는 행동의 예〉

- 숙제, 시험공부 등 해야 하는 일을 하기 싫어서 미루는 행동
- 시험 기간에 공부해야 하는데 게임이나 웹툰을 보며 공부를 안 할 때
- 과제가 있는 것 같은데 늘상 잊어버릴 때
- 날 불편하게 만든 친구랑 같이 있을 때

3) 불안을 유발하는 활동 대신, 예방할 수 있는 대처 행동 탐색하기

불안을 유발하는 활동을 찾아보고, 불안을 자꾸 키우는 활동 대

티칭 tip

구체적 예가 필요한 경우가 많으므로, 청소년들에게 활동지를 나누어 주는 것이 좋다.

〈활동지 예시〉

우선 순위	불안하게 하는 활동	대처 행동	대처 행동을 방해하는 마음	방해하는 마음을 다잡는 방법
1	해야 할 일 미루기	할 일 바로바로 하기	게으름	"지금 하자!"라고 외치기
2				

신에 대처할 수 있는 행동을 탐색하게 한다. 그리고 활동을 마치고 집단원과 공유할 수 있도록 안내한다.

4) 꽃을 가꾸듯 내 마음을 즐겁게 하는 마음챙김 활동 탐색해 보기

"사람들은 불안하고 힘들 때, 스스로 하는 활동들이 있어요. 이번 시간에는 여러 가지 마음챙김 활동 중, 내 마음을 돌보는 즐거운 활동을 찾아볼 것입니다. 내 마음이 즐거워하는 활동은 무엇일까요? 나의 경험을 집중해 보고, 그 활동들을 적어 봅시다. 그리고 집단원과 공유해 봅시다(약 5분). 집단원과 나눈 즐거운 활동 중, 나도 해 보고 싶은 활동이 있다면 그 활동도 기억해 둡시다."

티칭 tip

청소년 중 구체적 예시를 들어 주어야 자신이 하고 있는 즐거운 마음챙김 활동을 알아차리는 경우도 있다. 즐거운 마음챙김 활동의 예시 목록을 활동지로 작성하여 나누어 주는 것도 좋다.

〈예시〉
산책하기, 노래 듣기, 반려동물이랑 놀아 주기, 요리하기, 맛집 탐방, 내가 좋아하는 향기를 맡기, 거울을 보고 나는 멋진 사람이라고 말해 주기, 잠자기, 일기 쓰기, 친구들과 수다 떨기, 미술활동하기(그림 그리기, 십자수하기 등), 멋진 그림이나 사진 보기, 별을 바라보기, 샤워하기, 아이돌 SNS 보기 등

5) 활동정리

이번 시간에 새롭게 배운 것과 느낀 점을 공유하고, 마음챙김 행동과 대처 행동을 한 번 이상 활용하도록 과제로 제시한다.

8회기 자기수용

◆ 회기 목표

- 수용의 개념을 이해한다.
- 나와 나의 경험을 인정하고 받아들인다.

◆ 프로그램 내용

1) 8회기 도입

지난 시간까지 불안을 조절하기 위한 마음챙김 활동들을 배웠다. 마지막 시간에는 마음챙김에서 가장 중요한 자기수용(있는 그대로 인정하고 받아들이기, 자비명상)을 배워 볼 것이라고 안내한다.

〈지도자 멘트〉

"지난 시간까지 불안한 마음을 받아들이고, 불안이의 이야기를 경청하고, 그러면서도 내 자신을 돌보는 여러 가지 호흡과 활동들을 배워 보았습니다. 오늘은 마음챙김에서 가장 중요한, 나를 있는 그대로 수용하고 인정하는 활동을 해 보도록 하겠습니다. 이 훈련을 통해서 나의 즐거움, 기쁨, 불안, 불편함, 슬픔 등 내가 경험하는 모든 것을 받아들이고, 그 가운데서 나는 어떤 사람인지 어떻게 살아가고 싶은지 알아 갈 것입니다."

2) 수용은 무엇일까?

수용이라는 것은 긍정적인 것도, 부정적인 것도, 편안한 것도, 불편한 것도 있는 그대로 받아들이는 것을 의미한다. 포기는 난 아무것도 할 수 없으니, 주변에서 하라는 대로 혹은 되는 대로 하는 자동조종 모드에 휘말려 버린 상태이다. 반면, 수용은 내 마음의 주도권을 내가 가지고, 현재 나의 상황을 있는 그대로 인정하고 받아들이는 것을 의미한다. 그리고 내가 바라는 것을 얻는 활동을 하여 겪게 될 수 있는 여러 가지 변화도 감수하고 책임지겠다는 마음이다. 포기와 수용을 청소년들은 혼동할 수 있으므로 이를 구분해서 안내하는 것은 매우 중요하다.

3) '나는 네가 부러워' 놀이

자신의 강점을 제대로 알면 자존감에 상처를 입었을 경우 그것이 마음속 버팀목이 될 수 있기 때문에 중요하다. 강점을 잘 인식하고 있으면 안정감을 회복할 수 있다. 지도자는 청소년들이 자신의 강점을 있는 그대로 알아차리게 안내한다.

〈지도자 멘트〉

"나의 장점과 다른 친구들의 장점을 알아보기 위해서 '나는 네가 부러워' 놀이를 하려고 합니다. 집단원을 유심히 바라보고 그 친구의 강점과 좋은 점을 발견해 봅니다. 그리고 한 명씩 돌아가면서 옆에 있는 집단원에게 "난 네가 부러워. 넌 ○○○하잖아."라고 이야기해 줍니다. 그 이야기를 들은 집단원은 칭찬에 대한 자신의 감정을 말하고(예: "내가 친절하다는 네 말을 들으니 부끄러워. 하지만 기분 좋았어."), 옆 집단원의 강점과 장점을 "난 네가 부러워. 넌 ○○○하잖아."라고 이야기해 줍니다. 모두 참여할 수 있도록 오른쪽으로 돌면서 놀이를 하겠습니다. 이야기가 다 끝나면 소감을 말해 봅시다."

---

4) 나의 강점을 있는 그대로 받아들이자

부럽다는 말을 들으면 그대로 받아들이는 청소년도 있지만 이것을 부끄러워하고 받아들이지 못하는 청소년도 있다. 어떤 청소년은 칭찬이나 부러움을 받았을 때, 상대방이 자신을 주목하고 있고 혹은 상대방이 나에게 실망할까 봐 불안을 느끼는 경우도 있다. 자신의 장점과 강점을 수용하지 못하기 때문에 일어나는 일이다. 이런 경우도 강점과 장점을 있는 그대로 받아들이는 연습이 필요하다. 연습을 하면 수용 능력도 늘어난다.

〈지도자 멘트〉

"다른 사람도 인정할 정도의 강점이라면 나도 인정해 줍시다. 내 실수나 부끄러움 혹은 불안함 때문에 내 강점을 숨기지 말고, 있는 그대로 봐 줍시다! 여러분의 강점과 장점을 살펴보고, 그대로 받아들여 봅시다. 나의 강점과 장점을 곰곰이 생각해 보고 써 봅시다. 혹시 나의 강점과 장점이 생각나지 않는 경우도 있어요. 그런 경우는 예전에 다른 사람이 나에게 해 주었던 칭찬을 떠올려 봅시다."

티칭 tip

청소년 중, 자신의 강점이 떠오르지 않고, 아무리 생각해도 자신은 강점과 장점이 없다고 이야기하는 경우도 있을 수 있다. 이런 경우, "만약 정말 나의 강점이 떠오르지 않는다면 나의 강점을 내가 아직 모른다는 것도 있는 그대로 인정하고 받아들여 봅시다."라고 안내하는 것도 좋다. 그리고 옆 친구에게 강점을 찾아보게 할 수 있다.

5) 나만의 자기 친절 문구 만들기

마음챙김 훈련 프로그램에서는 나 자신을 있는 그대로 수용하고, 스스로를 사랑하기 위한 '자기 친절' 연습을 강조한다. 자기 친절 문구 만들기는 나의 행복, 평화, 평안, 건강, 자유 등을 바라는 명상이라고 볼 수 있다. 그리고 나뿐만 아니라 내 주변이 소중하고, 감사하고, 존경하는 사람들의 행복과 건강, 평온함을 기원하고, 주변 사람들뿐만 아니라 내가 싫어하고 미워하는 사람들과도 평화롭게 지낼 수 있는 마음의 힘을 준다.

〈지도자 멘트〉

"자기 친절에는 정해진 지시문이 있는 것은 아니에요. 내가 나 자신을 수용하고, 인정하고, 평안을 바라고 사랑한다는 내용이 있으면 됩니다. 내 마음이 평화로울 때는 내가 미워하고 싫어하는 사람들의 평화도 빌어 줄 수 있지만, 내가 정말 마음이 힘들 때는 나에게 집중하는 것도 괜찮아요. 싫어서 생각하고 싶지 않은 것을 알아차리기만 하면 됩니다. 내가 나의 감정, 생각, 행동, 불안, 강점을 있는 그대로 수용하고 나의 평안, 건강, 행복, 평화에 집중할 수 있는 나만의 자기 친절 문구를 만들어 봅시다. 이것을 만들어 보고 친구들과 공유해 봅시다."

티칭 tip

청소년들이 '나만의 자기 친절 문구'을 만드는 것을 어려워할 수 있다. 그럴 땐 기존의 자기 친절 문구를 예시로 주거나, 활동을 하면서 있었던 내용들을 활용하여 유인물을 만들어 나누어 주는 것도 좋다.

〈나만의 자기 친절 문구(자비명상) 실제 예시〉

- 나는 오늘 행복하기를 바랍니다.
- 나는 주변 사람들과 평화롭게 지내기를 바랍니다.
- 내가 스트레스에서 벗어나 편안한 상태이기를 바랍니다.
- 내가 사랑하는 주변 친구들이 오늘도 행복하고 즐겁기를 바랍니다.
- 지구의 모든 생명체들이 행복하고 건강하고 안전하게 지내기를 바랍니다.
- 내가 싫어하는 사람들이 행복한 것은 싫지만 그래도 괴로운 것도 싫습니다. 그들은 그냥 대충 살았으면 좋겠습니다.

6) 격려와 응원의 롤링페이퍼

총 8회기 동안 마음챙김 기술훈련에 참여하여 감정, 생각, 행동에 대해서 알아보고, 내 마음을 돌보는 다양한 마음챙김 활동을 배웠다. 특히 마지막 시간에는 자신의 경험을 있는 그대로 수용하기, 나의 강점 받아들이기, 나만의 자기 친절 문구를 만들기 등의 활동을 하였다. 이렇게 배운 것을 실생활에서 활용할 수 있도록 서로를 격려하는 활동이 필요하다. 이럴 때, 롤링페이퍼를 쓰면 매우 효과적이다(7~8분 소요).

티칭 tip

〈마음챙김 기술훈련을 마무리하면서 집단원에게 당부하면 좋은 말〉

- 한꺼번에 길게 가끔 하는 것보다 1분씩이라도 매일 하는 것이 좋다.
- 꾸준히 하는 것이 가장 좋지만, 잊어버리고 안 한 경우, 불안 혹은 우울, 분노 등이 찾아와 마음이 힘들 때, 훈련했던 것을 찾아 다시 시작하여도 괜찮다.
- 자신이 좋아하고 필요한 훈련 하나를 꾸준히 하는 것도 괜찮다.
- 나에게 맞게 변경하는 것도 매우 좋다.
- 친구들과 함께 하는 것도 바람직하다.
- 마음챙김 활동을 생활 속에서 틈날 때 하는 것도 좋다.
- 처음부터 잘 되는 사람은 별로 없다. 꾸준히 하다 보면 조금씩 성장하는 나를 발견할 수 있다.
- 당신은 꽤 괜찮은 사람이다. 있는 그대로 자신을 보아도, 괜찮은 사람이다.

참고문헌

나의현, 전봉희, 전유진 공역(2020). **자해청소년을 위한 마음챙김 워크북**. 서울: 하나의학사.

손정락, 이금단, 이정화 공역(2012). **아동과 청소년을 위한 수용과 마음챙김 치료**. 서울: 시그마프레스.

Battistin, J. M. (2019). *Mindfulness for teens in 10 minutes a day: Exercises to feel calm, stay focused & be your best self*. Rockridge Press.

Brown, K. W., & Ryan, R. M. (2003). The benefits of being present: Mindfulness and its role in psychological well-being. *Journal of Personality and Social Psychology, 84*, 822-848.

Burdick, D. (2014). *Mindfulness skills for kids and teens*. PESI Publishing & Media.

Dana, D. A. (2020). *Polyvagal exercises for safety and connection: 50 client-centered practices*. London: W. W. Norton & Company.

Hayes, M. A., & Feldman, G. (2004). Clarifying the Construct of Mindfulness in the Context of Emotion Regulation and the Process of Change in Therapy. *Clinical Psychology: Science & Practice, 11*(3), 255-262.

Hurley, K. (2019). *The depression workbook for teens: Tools to improve your mood, build self-esteem, and stay motivated*. Texas: Althea Press.

Hutt, R. L. (2019). *Feeling better: CBT workbook for teens: Essential skills and activities to help you manage moods, boost self-esteem, and conquer anxiety*. Texas: Althea Press.

Jensen, F. E., & Nutt, A. (2015). *The teenage brain: A neuroscientist's survival guide to raising adolescents and young adults*. Haper Collins Publishers.

Kabat-Zinn, J. (2003). Mindfulness-based interventions in context: Past, present, and future. *Clinical Psychology: Science & Practice, 10*(2), 144-156.

Kabat-Zinn, J. (2005). *Coming to our sense*. New York: Hyperion.

Linehan, M. (1993). *Skills training manual for treating borderline personality disorder*. New York: Guilford Press.

Maccutcheon, M. (2019). *The ultimate self-esteem workbook for teens: Overcome insecurity, defeat your inner critic, and live confidently*. Texas: Althea Press.

Neff, K. D. (2003). Self-compassion: an alternative conceptualization of a healthy attitude toward oneself. *Self and Identity, 2*, 85-102.

Porges, S. W. (2011). *The polyvagal theory: Neurophysiological foundations of emotions, attachment, communication, and self-regulation*. London: W. W. Norton & Company.

Porges, S. W. (2017). *The pocket guide to the polyvagal theory*. London: W. W. Norton & Company.

Segal, Z. V., Williams, J. G., & Teasdale, J. D. (2013). *Mindfulness-based cognitive therapy for depression*. 이우경, 이미옥 공역(2018). **우울증 재발 방지를 위한 마음챙김 기반 인지치료**. 서울: 학지사.

Semple, R. J., & Willard, C. (2019). *The mindfulness matters program for children and adolescents: Strategies, activities, and techniques for therapists and teachers*. New York/London: The Guilford Press.

Siegel, D. J. (2014). *Brainstorm: The power and purpose of the teenage brain*. London: Penguin Publishing Group.

Vrabel, J. K., Zeigler-Hill, V., & Southard, A. C. (2018). Self-esteem and envy: Is state self-esteem instability associated with the benign and malicious forms of envy? *Personality and Individual Differences, 123*(2018), 100-104.

KBS2TV 〈비타민〉 http://program.kbs.co.kr/2tv/enter/vitamin/pc/index.html

Ruby to Walker 블로그 https://www.rubyjowalker.com

찾아보기

저자 소개

● **이우경(Woo Kyeong Lee)**

가톨릭대학교 임상심리학 석사

이화여자대학교 발달심리학 박사

임상심리전문가(한국임상심리학회)

정신건강임상심리사 1급(보건복지부)

전) 용인정신병원 임상심리과장

현) 서울사이버대학교 상담심리학과 교수

저서 및 역서

심리평가의 최신 흐름(2판, 공저, 학지사, 2019)

마음챙김 기반 인지치료(공역, 학지사, 2018)

DSM-5에 의한 최신 이상심리학(학지사, 2016)

사랑중독(역, 학지사, 2010)

정서중심적 부부치료(공저, 학지사, 2008) 외 다수

● **최은실(Eun Sil Choi)**

이화여자대학교 발달심리학 석사

이화여자대학교 발달심리학 박사

발달심리전문가(한국발달심리학회)

놀이심리상담사 슈퍼바이저(한국발달지원학회)

전) 경일대학교 심리치료학과 교수

현) 가톨릭대학교 심리학과 교수

주요 역서

복합-PTSD 워크북(공역, 학지사, 2021)

놀이치료 1, 2(공역, 학지사, 2018, 2019)

발달정신병리학(공역, 학지사, 2017)

발달정신병리 사례집(공역, 시그마프레스, 2016)

성인 및 노인심리학(공역, 시그마프레스, 2015) 외 다수

청소년을 위한 마음챙김 기술
Mindfulness Skills for Adolescents

2021년 5월 31일 1판 1쇄 발행
2023년 3월 20일 1판 2쇄 발행

지은이 • 이우경 · 최은실
펴낸이 • 김진환
펴낸곳 • ㈜학지사
04031 서울특별시 마포구 양화로 15길 20 마인드월드빌딩
대표전화 • 02-330-5114 팩스 • 02-324-2345
등록번호 • 제313-2006-000265호

홈페이지 • http://www.hakjisa.co.kr
페이스북 • https://www.facebook.com/hakjisabook

ISBN 978-89-997-2400-8 93180

정가 12,000원

저자와의 협약으로 인지는 생략합니다.
파본은 구입처에서 교환해 드립니다.